Universo dos Livros Editora Ltda.
Rua Haddock Lobo, 347 – 12º andar – Cerqueira César
CEP 01414-001 • São Paulo/SP
Telefone: (11) 3217-2600 • Fax: (11) 3217-2616
www.universodoslivros.com.br
e-mail: editor@universodoslivros.com.br

DAVID F. VENNELLS

Reiki para Iniciantes

Como dominar técnicas naturais de cura

UNIVERSO DOS LIVROS

São Paulo
2009

Tradução do original Reiki for Beginners.

Publicado nos Estados Unidos por Llewellyn Publications.
Woodbury, MN 55125 USA
www.llewellyn.com

Diretor Editorial
Luis Matos

Assistência Editorial
Gabriela Ribeiro

Preparação
Luciane Gomide

Revisão
Julio Domingas

Diagramação
Claudio Alves
Stephanie Lin

Capa
Marcos Mazzei

Ilustrações
Carrie Westfall

Dados Internacionais de Catalogação na Publicação (CIP)
(Câmara Brasileira do Livro, SP, Brasil)

V463r Vennell, David F.

Reiki para Iniciantes / David F. Vennells ; [tradução de Larissa Rebelo]. - São Paulo : Universo dos Livros, 2009.
176 p.

Tradução de : Reiki for Begginers

ISBN 978-85-7930-053-0

1. Reiki. 2. Relaxamento. I. Título.

CDD 615.8

Para o maravilhoso Deus de todas as coisas.

Sumário

1

A Essência do Reiki

Reiki é o nome dado a um método simples, porém profundo, de cura natural para o corpo e a mente, desenvolvido pelo dr. Mikao Usui, que viveu no Japão no século XIX. *Rei* significa "universal", e *ki*, ou *chi*, em chinês, quer dizer "Energia de Força Vital". Muitos também consideram o Reiki um caminho para o crescimento espiritual.

Apesar da maioria das pessoas não conseguir ver o *chi*, a física moderna nos diz que, além do nível das menores partículas, a energia existe em todos os lugares: no ar que respiramos, em nossa comida, na água e na luz do sol. Mesmo objetos inanimados possuem uma frequência energética, considerada baixa (ou fraca).

A Base de Toda a Vida

A Energia de Força Vital é a base de toda a vida, um tipo de "sopa cósmica" que auxilia, nutre e sustenta o ciclo de nascimento, vida e morte de todos os organismos vivos. Quando estamos em contato com essa energia através da oração, da meditação ou do Reiki, sentimo-nos menos distantes e cada vez mais completos, em perfeita sintonia conosco e com toda a criação. Experimentamos um sentido de união, tornamo-nos mais conscientes de nosso lugar – ou de nosso papel no grande sistema de coisas – e, ao mesmo tempo, sentimo-nos apoiados, seguros, abertos e confiantes em nossas habilidades de sermos exatamente o que somos, sem dúvidas ou necessidade de nos desculparmos.

Podemos dizer que essas experiências espirituais (ou pessoais) são a essência do Reiki; em oposição à forma, que são os métodos mentais e físicos de uso e compartilhamento da técnica.

Do budismo e de outras tradições ocidentais, nós apreendemos que há dois tipos principais de Energia de Força Vital: a Interna e a Externa. A Energia de Força Vital Interna é a aquela sutil, que existe dentro do corpo e da mente de todos os organismos vivos. A chamada Energia de Força Vital Externa existe nas plantas, flores, árvores, pedras, nos minerais e nos cristais, e é geralmente trabalhada para efeitos de cura, como no caso dos florais de Bach, da cura por cristais, das essências florais, dos medicamentos herbais e homeopáticos. Mesmo uma caminhada no campo pode ter um efeito restaurador e calmante, por causa da alta quantidade de Energia de Força Vital Externa disponível que aumenta nossas próprias energias internas. Essa energia natural tem um efeito correspondente em nosso corpo e em nossa mente. Contrariamente, se passamos muito tempo em áreas urbanizadas ou ambientes estressantes, nos quais essas energias naturais são restritas, nossa saúde pode ser afetada, especialmente se não formos capazes de transcender mentalmente essas situações ou superá-las.

A Energia de Força Vital Interna corre por caminhos sutis, ou meridianos, no corpo humano. Quando esses caminhos estão bloqueados ou desbalanceados, pelo estresse por exemplo, podemos ter como resultado alguma doença. A maioria das terapias complementares objetiva ajudar o corpo e a mente a se rebalancearem e a limparem as energias internas, trazendo, consequentemente, saúde e bem-estar. Esse também é o modo pelo qual o Reiki age como técnica de cura.

Há muitos níveis de Energia de Força Vital no universo. Em um nível, o Reiki pode ser considerado uma forma pura de Energia de Força Vital Externa e pode ter um efeito profundo em nossa saúde e em nosso bem-estar, ao rebalancear, limpar e renovar nosso Sistema de Energia Interna. Quando o Reiki entra em contato com a Energia de Força Vital Interna que está bloqueada, fraca ou desbalanceada, ela se dissolve e se transforma natural e facilmente, aumentando a qualidade dessa energia até o nível mais saudável que o nosso corpo, mente e ambiente permitem.

Uma Energia Consciente

Quando as Energias de Força Vital Externas e Internas estão em harmonia, elas têm o mesmo nível de pureza e existem no mesmo comprimento de onda e frequência, sendo, portanto, energias muito similares. A única diferença entre elas é que a Energia de Força Vital Interna tem consciência (ou mente) e não pode existir sem ela.

Por causa do forte relacionamento entre consciência e Energia de Força Vital Interna, é fácil acreditar que o senso de proximidade que temos em relação às árvores, pelos cristais, pela Terra, ou por outras fontes de Energia de Força Vital Externa, ocorre porque eles possuem um caráter pessoal. A Energia de Força Vital Externa, como a das árvores, dos cristais e da Terra, não possui tal consciência, no entanto, isso não torna os objetos "vivos" menos especiais ou sagrados do que os outros.

Nossas energias internas e a nossa mente são inseparáveis e têm um relacionamento de profunda interdependência. Na verdade, apesar de geralmente não notarmos, nossos pensamentos e sensações "caminham" sobre nossas energias internas. Se carregamos uma Energia de Força Vital Interna de boa qualidade, que talvez seja melhorada pelo Reiki, é mais fácil desenvolvermos um humor positivo e, assim, atraírmos experiências de vida também positivas e lidarmos com os problemas mais facilmente. Igualmente, se tentarmos, conscientemente, desenvolver estados mentais, ou humores positivos (como confiança, consideração e sabedoria), aumentaremos a qualidade de nossas energias internas e, em troca, melhoraremos nossa saúde e muitos outros aspectos de nossa vida. Com uma boa motivação, o Reiki pode nos auxiliar imensamente a melhorar nossa qualidade de vida, ajudando-nos a sermos mais completos e saudáveis em todos os níveis e, portanto, beneficiando os que estão ao nosso redor.

Hawayo Takata, considerada por alguns praticantes ocidentais como a Terceira Grande Mestra do Reiki, explicou-o em um artigo de uma revista do Havaí da seguinte forma:

> *"Aqui está o grande espaço que nos circunda: o Universo. Há infinita e enorme energia, a qual é universal. Sua fonte definitiva é o criador. É uma força ilimitada. É a fonte de energia que faz as plantas crescerem e os pássaros voarem. Quando um humano tem dores ou problemas, ele ou ela podem livrar-se deles. É uma fonte externa, uma onda de um poder grandioso, que pode*

revitalizar ou recuperar a harmonia. É a natureza. É Deus. O poder que ele disponibiliza aos seus filhos que precisam dela."

Mais Que apenas Energia

Muitos praticantes de Reiki, religiosos ou não, notaram que sua vida espiritual renovou-se ou reviveu como resultado do Reiki, quase como se essa técnica tivesse o dom de levar pessoas, se elas assim desejassem, a uma consciência mais profunda de sua espiritualidade ou de seu potencial de crescimento pessoal.

Portanto, parece que o Reiki possui muitas facetas, não sendo apenas uma Energia. De fato, isso sugere que o Reiki tenha sabedoria e compaixão; ou que é a expressão de um nível de consciência cuja essência é a sabedoria e a compaixão completas. Se sabemos que a consciência caminha sobre a Energia de Força Vital Interna, então talvez possamos considerar o Reiki a Energia de Força Vital Interna de uma forma de consciência mais aberta, avançada, expandida e pura. O Reiki pode, no momento, mostrar-se a nós como uma energia externa por causa de nossa falta de compreensão profunda e de nosso conhecimento limitado.

Vento Puro de uma Terra Pura

Muitos textos budistas referem-se à Energia de Força Vital como um Vento Sutil – uma boa descrição de como as pessoas experimentam o Reiki. Então, poderíamos nos referir ao Reiki como um Vento Sutil Puro ou como uma dádiva vinda de um lugar especial, talvez o Vento Puro de uma Terra Pura. "Terra Pura" é o termo budista para Paraíso ou Céu; uma manifestação externa da mente do esclarecimento.

Como seres limitados, vivemos em um mundo de dualidades conceituais conflitantes: bom e mau, claro e escuro, interno e externo, ter e não ter, o ser e o outro. A essência do Reiki parece transcender a dualidade de um mundo externo ou interno em direção a uma completude, uma unidade e um todo balanceado, no qual não haja limitações de identidade ou barreiras entre o ser e o outro. Concluindo, o Reiki é inexprimível ou indescritível, ou seja, é apenas bondade amorosa, sabedoria, beleza e perfeição a serem experimentadas.

O Desperto

Muitas tradições espirituais concordam com a ideia do "Esclarecimento Total". De fato, a palavra "Buda" significa "O Despertado". A mente do esclarecimento é onisciente; ela permeia totalmente o espaço e o tempo e percebe a verdadeira natureza de todos os fenômenos direta e simultaneamente. É a síntese da mais grandiosa paz, da alegria, do amor, da compaixão e da sabedoria.

O propósito principal do Buda é evitar ou aliviar o sofrimento e levar todos os seres vivos ao mesmo estado total de consciência e completude; se isso for o que eles querem. Muitos seguidores de outras religiões também equacionariam essas ideias com sua própria percepção da experiência de Deus. Talvez, então, o dom do Reiki, como técnica de cura, seja simplesmente uma expressão ou emanação de bondade amorosa: uma forma de benção, aquisição de poder e conexão com uma fonte superior que é próxima de nossa própria natureza, e que tem as nossas melhores intenções no coração.

Delimitar o Reiki a uma definição conveniente é difícil e tem apenas um valor estabelecido; quando o experimentamos, parece que ele vem de uma fonte *externa* e, acreditar nisso, ou que ele é uma inflexão de nossa própria natureza superior ou potencial maior, não é importante. Não há credo ou dogma ligados ao Reiki. Ele é ensinado e praticado em quase todos os países do mundo e sua inteligência pacífica e curadora estende-se além das barreiras religiosas, culturais e políticas, sendo, assim, um fenômeno experimental e extremamente pessoal, ainda que totalmente universal.

Um Caminho, Mas Não o Único

O Reiki se encaixa perfeitamente em qualquer estilo de vida, seja do ponto de vista material, mental, emocional ou espiritual. Ele nos dá, exatamente, o que precisamos como indivíduos, ajudando-nos a desenvolver nossas qualidades, nossos talentos e ambições únicos, aproximando-nos de nosso próprio potencial ilimitado e de nossa natureza interior – um traço comum que dividimos com todos os seres vivos. Qualquer explicação do que seja o Reiki ou do que ele pode fazer será superficial.

A verdadeira essência dessa técnica vai além de conceitos, palavras e ideias. No entanto, nós precisamos de *palavras* e *ideias* ou de *forma* para ensinar, comunicar e dividir o Reiki com os outros. Nesse sentido, a forma tradicional, ensinada por mestres desde os tempos do dr. Usui, é um ponto de partida importante para a essência. Nós devemos discutir e dividir nossas experiências com o Reiki para adquirir clareza de sentido, para absorver e integrar esses *insights* em nosso ser, e para que sejamos capazes de seguir adiante e enriquecer nossa vida. Portanto, nós também precisamos de forma, do ponto de vista dos pensamentos, e da linguagem conceituais, para que possamos abrir o coração e a mente e, gradualmente, aprender nossas lições.

Para algumas pessoas, esta é apenas uma técnica de cura útil; para outras, pode ser um complemento para seus caminhos espirituais presentes, ou mesmo um caminho para o crescimento espiritual e pessoal em si. De acordo com a nossa visão de mundo, cada um de nos terá uma opinião e experiência diferentes sobre o Reiki. No entanto, todos nós possuímos o mesmo desejo de sermos felizes e a mesma oportunidade de nos beneficiarmos dele e, então, nesse sentido, nós concordamos.

Nós todos carregamos conosco a habilidade de curar a nós mesmos e aos outros. Algumas pessoas podem fazer isso facilmente por meio da oração ou meditação sem o Reiki, visto que ele não é essencial para desenvolver o dom da cura ou para avançar no caminho espiritual, embora possa auxiliar-nos imensamente nessa tarefa.

2

A História do Reiki

Sistemas de cura similares ao Reiki são mencionados em diversas escrituras religiosas antigas, no entanto, estamos certos de que as origens do Reiki remontam a muito antes de qualquer registro escrito. Com o desaparecimento de muitas das grandes culturas, os conhecimentos de cura de seus povos perderam-se e foram diluídos e absorvidos por outras tradições. A técnica abordada aqui, de uma forma ou de outra, destacou-se em qualquer ocasião na qual havia a necessidade de um sistema de cura simples e efetivo para o corpo, a mente e o espírito.

Desde que o Reiki foi trazido do Japão para o Ocidente, a tradicional "História do Reiki" tornou-se muito apreciada e parte integral da prática de ensino de muitos Mestres de Reiki. Quase todos os praticantes aprendem essa história e, até muito recentemente, ninguém questionou sua autenticidade. A maioria dos Mestres de Reiki identifica essa linhagem com a de Hawayo Takata. Conhecida por muitos no Ocidente como a Terceira Grande Mestre do Reiki, ela foi, como você verá adiante, a responsável por levar o Reiki para além do Japão. Em algum momento dessa transição, a história original do Reiki foi adaptada, provavelmente com boas intenções, para ter maior aceitação, ou talvez, para que fosse mais facilmente compreendida pelos ocidentais.

Provavelmente, quando contou-se a história do Reiki pela primeira vez no Ocidente, ela deve ter soado muito estranha e talvez quase pagã, sem o aspecto cristão que, provavelmente, foi introduzido por Hayako Takata ou pelo seu Mestre, dr. Chujiro Hayashi. Além disso, os Estados Unidos do pós-guerra não aceitavam muito bem qualquer ideia que viesse do Japão – que fora seu inimigo na Segunda Guerra Mundial – e, consequentemente, não eram muito receptivos ao Reiki, uma técnica de cura japonesa, e não cristã. Quem quer que tenha tido essa ideia e com que razão, deve ter tomado uma decisão muito sábia e corajosa. Eles devem ter percebido que um dia, talvez no tempo certo, a história correta seria conhecida por mais pessoas e, até aquela época, a "adaptação" serviria a seu propósito de fazer o Reiki ser facilmente aceito e, portanto, mais difundido. Se considerarmos que o principal propósito dessa técnica é o alívio do sofrimento e a melhora da qualidade de vida, quanto mais pessoas se beneficiarem dela, melhor. Portanto, nesse sentido, adaptar a história original tenha sido talvez uma decisão sábia que funcionou.

Os praticantes ocidentais encontram uma transição em direção a um conhecimento mais claro de nossas raízes. Recentemente, alguns Mestres estão trabalhando muito para descobrir relatos mais precisos desde as raízes até o atual estágio de desenvolvimento da técnica. Apesar dessa pesquisa não estar absolutamente completa, começamos a delinear uma imagem de seu trabalho. Ela aponta para uma versão fascinante, mais completa e mais clara dos eventos que envolvem a vida de Mikao Usui e de como o Reiki é ensinado no Japão hoje, da forma como ele, originalmente, o ensinava.

Tanto a história ocidental tradicional, quanto uma versão mais concisa da pesquisa recente, serão apresentadas neste capítulo. Aparentemente, novas informações de Mikao Usui e do "Reiki Japonês" serão constantemente encontradas, o que, provavelmente, ocorrerá ainda por um período considerável. Se você quiser mais informações, assim que forem disponibilizadas para o grande público, será necessário pesquisar na internet. Você encontrará artigos excelentes e muitas informações ilustrativas sobre vários aspectos interessantes do Reiki ao efetuar suas pesquisas.

Figura 2.1.: Dr. Mikao Usui, fundador do Reiki.
(gentilmente cedida por Phyllis Lei Furumoto)

Há muitos aspectos da história tradicional do Reiki que não são reconhecidos, ou comprovados, no Japão. No entanto, a história tradicional ainda é uma parte importante da cultura e herança de nosso Reiki. Sem dúvida, ela ainda será contada de uma forma ou de outra por muitos anos e está, na essência, muito próxima da versão original japonesa – além de ter uma energia especial quando é contada em uma apresentação pública, ou em uma aula de Reiki de Primeiro Grau que, próxima do coração do Reiki, certamente contribui com muitas ideias relacionadas à prática e à compreensão da técnica. Por essa razão, a história provavelmente resistirá ao tempo, paralelamente com as novas informações que receberemos do Japão.

A História Tradicional

Há algum tempo viveu um homem que tinha uma pergunta pungente: "Como Jesus se curou?". Seria possível que as pessoas que seguiam um caminho de desenvolvimento espiritual, similar ao de Jesus, também tenham se curado como ele? De forma simplificada, o que Jesus uma vez disse era verdade: "Todas as coisas que eu fiz, vocês podem fazer ainda maiores e mais grandiosas"[1]. A história dessa busca foi passada de mestre para aluno em sua forma original desde que o Reiki foi ensinado pela primeira vez. Uma compreensão pessoal dessa parábola moderna, que contém muitas lições sobre a natureza humana, sobre cura e realização, sempre foi encorajada e é central para o uso e a prática do Reiki como o conhecemos hoje.

Dr. Mikao Usui nasceu no Japão em 1864 e foi criado por missionários cristãos. Enquanto a maior parte das crianças japonesas eram criadas nas religiões xintoísta e budista, Mikao Usui estudava a Bíblia e, assim, conhecia as histórias e os ensinamentos de Jesus. Após ter deixado a escola e ter escolhido estudar religião, ele tornou-se professor de teologia e, eventualmente, chegou a assumir o cargo de ministro em uma Escola Cristã de Rapazes.

Certa manhã, enquanto realizava uma missa em uma capela, ele foi questionado por vários rapazes mais velhos sobre suas crenças. Eles perguntaram se ele acreditava literalmente nos milagres bíblicos que Jesus fez.

1 Tradução literal, não alinhada com nenhuma edição do Novo Testamento.

Ele respondeu que sim. Então, os rapazes pediram-lhe para demonstrar a sua fé realizando um milagre! Ele ficou sem palavras e achou inacreditável como uma pergunta tão simples pôde abalar a sua fé completamente. Profundamente afetado por esse incidente, ele decidiu parar de ensinar sobre a vida e o exemplo de Jesus, abandonando o cargo e passando a dedicar o resto de sua vida a aprofundar sua fé e descobrir como aqueles milagres da cura poderiam acontecer. Em seu âmago sabia que, se sua fé fosse verdadeira, seria capaz de receber o dom da cura e ajudar outras pessoas a fazer o mesmo. De alguma maneira, tinha a certeza de que se não seguisse esse chamado, iria se arrepender profundamente no futuro.

Em Busca de Cristo

O cristianismo não era difundido no Japão, então o dr. Usui emigrou para os Estados Unidos, onde estudou por muitos anos, de forma mais aprofundada, as escrituras cristãs. Ele explorou suas questões com muitos acadêmicos e membros da Igreja. Porém, muitas vezes, sentiu-se desmotivado e desencorajado pelas respostas que tinha e, frequentemente, pensou estar distante de encontrar a verdade. Ainda assim, desenvolveu recursos internos fortes e começou a confiar menos naqueles que encontrava do que em seu crescente relacionamento com Deus e a sua sabedoria natural e intuitiva. Durante a sua busca, encontrou muitas coincidências e geralmente sentiu-se guiado – e algumas vezes até empurrado – a situações que continham pistas e sinais para o próximo passo da jornada. Essas ocorrências – como encontros casuais com outros estudiosos que seguiam caminhos espirituais similares e as ideias subsequentes que daí surgiam – incentivaram-no e aprofundaram sua fé, permitindo-lhe confiar que a ele seria mostrada a verdade, ou que ele "saberia" para onde olhar em seguida.

Dr. Usui também estudou os escritos e ensinamentos de muitos outros professores e místicos conhecidos, cristãos ou não. Ele sentiu que isso complementaria e enriqueceria sua própria fé e compreensão no caminho espiritual e na sua busca pelo dom da cura. Por esse motivo, estudou assiduamente os ensinamentos de Buda, as observações de seus discípulos e o seu processo de cura, que lhe pareceu muito similar àqueles de Jesus e seus seguidores. Conforme descobria mais pontos em comum entre os caminhos do budismo e do cristianismo, percebia que as respostas finais para as suas perguntas podiam estar mais perto do que imaginava!

Após sete anos nos Estados Unidos, o doutor voltou a Kyoto, no Japão, para estudar os sutras budistas, os arquivos da vida e os ensinamentos do Buda mais profundamente. Na ocasião, visitou muitos centros budistas, mas descobriu que os monges e monjas, assim como os missionários cristãos, ensinavam e encorajavam principalmente o crescimento espiritual, encarando a prática da cura como uma distração para tal crescimento. O principal objetivo budista era auxiliar as pessoas a atingir a felicidade em vez de preocupar-se com problemas externos, como a doença ou pobreza, que mais cedo ou mais tarde, não se pode evitar. A cura foi deixada para práticas da medicina convencional e complementar.

Encontrando um Buda

Durante seus estudos e viagens pelo Japão, dr. Usui conheceu um abade zen-budista que provocaria grande impacto sobre ele e sua jornada espiritual. O abade convidou-o para viver e estudar em seu monastério, e, por muitos anos, dr. Usui permaneceu lá. O ambiente calmo, límpido e tranquilo do monastério deu-lhe o espaço perfeito para acessar o trabalho que havia feito nos Estados Unidos e, durante a sua permanência, convenceu-se cada vez mais de que o único lugar a procurar pela habilidade de cura era dentro de si.

O abade foi sua grande inspiração. Os dois passaram muitas horas discutindo o seu progresso e a melhor forma de atingir seus objetivos. O relacionamento com o abade desenvolveu-se, e o dr. Usui reconheceu-o como um grande, porém humilde, homem com uma fonte de sabedoria e compaixão ilimitada. Ele tornou-se o guia espiritual do dr. Usui ao longo de sua trajetória em direção à origem de sua essência. A cura interior de dr. Usui, o descortinar, ou o florescer de sua própria consciência, levariam-no ao alcance do dom da cura.

Estudando os Sutras

O dr. Usui estudou e meditou sobre as escrituras budistas, ou sutras, em japonês, chinês e sânscrito (uma das mais antigas e sublimes línguas espirituais, que Buda Shakyamuni pessoalmente pronunciou e ensinou há mais de 2.000 anos). Nos textos antigos, em sânscrito, ele descobriu os símbolos que o levariam, por meio da oração e da meditação, às técnicas de cura que ele buscava. Inicialmente, ele não sabia exatamente o que fazer com os símbolos ou de que maneira usá-los como ferramentas de cura.

Com o progresso de seus estudos, o doutor encontrou passagens nos sutras que pareciam se destacar, ou "falar" com ele, e as lia e meditava frequentemente sobre esses mesmos ensinamentos, adquirindo progressivamente um sentido mais profundo. Dr. Usui quase sempre discutia seus pensamentos com os monges mais velhos e o abade, com perseverança na tentativa de avançar em seu conhecimento. Essa dedicação permitiu que ele se desenvolvesse e expandisse a sua consciência, para que pudesse receber ideias mais claras sobre a natureza da mente e de como ela não só tem o poder de criar, mas também de curar doenças físicas, emocionais e mentais. Ele tornou-se mais consciente do sofrimento alheio, e essa profunda empatia contribuiu para a grande determinação em seus esforços.

Retiro na Montanha

Dr. Usui sabia que havia estudado tudo o que podia e que as respostas que procurava estavam finalmente ao seu alcance. Ele foi a um retiro budista sagrado, próximo de Kyoto, que tinha um nível de Energia de Força Vital especialmente puro. Lá, jejuou e meditou por três semanas, limpando as obstruções remanescentes em sua própria mente e abrindo-se completamente para qualquer coisa que estivesse pronto para receber. Ele contou para o abade, no monastério, que se não voltasse após 21 dias, eles poderiam ir e coletar seus restos mortais para enterrá-los. O doutor estava tão focado em sua missão e tão motivado pelo desejo de beneficiar os outros que se recusou a retornar sem qualquer resposta para todas as suas perguntas.

Caminhando mais de 27 quilômetros para chegar à montanha, acabou encontrando um local silencioso, próximo de um córrego, mas planejava beber água apenas durante o seu retiro. Ele sabia, por experiência, que isso daria mais clareza e poder a suas meditações. Manteve consigo 21 pedras e, a cada dia, atirava uma, marcando a passagem do tempo. Dr. Usui meditou sobre as lições que aprendeu no monastério sob a orientação do abade. Sua concentração era muito forte e estável e suas energias internas tão límpidas que ele conseguia, de maneira fácil e contínua, manifestar ou experimentar a pureza da sua própria luz interior ou de sua mente sutil. Quando esse alto nível de consciência é completamente purificado, torna-se a mente onisciente de um Buda, ou talvez, de outro ponto de vista, cria-se uma união completa com Deus ou, ainda, a Consciência de Cristo.

Um Fim, e um Princípio

Certa manhã, dr. Usui descobriu que lhe restava apenas uma pedra. Era o último dia de seu retiro. Ele meditou na noite que precedeu a primeira luz do dia e experimentou muitas emoções indistintas e memórias de sua vida. Ele sabia que sua busca estava no fim e que, logo, sua vida terminaria ou ele receberia o dom da cura para dividir com os outros. Sua fé e devoção eram completas, ele fizera tudo o que pudera e agora sabia que havia alcançado um patamar sem retorno.

Olhando para a escuridão, ele viu uma luz no horizonte, onde esperava ver o nascer do sol, que brilhava cada vez mais e parecia mover-se em sua direção em alta velocidade. Ele percebeu que se não se movimentasse, seria atingido, mas determinou-se a relaxar, a abrir-se e permitir que essa experiência acontecesse, para onde quer que ela o levasse. Ele concentrou-se e permaneceu no mesmo lugar, sabendo que aquilo seria um fim e também um princípio. A luz atingiu sua testa, e ele perdeu a consciência.

Consciência de Luz Clara

Quando dr. Usui acordou, era meio-dia. Ele lembrava de tudo o que havia acontecido. Depois que a luz o atingiu, ele tomou consciência de belas cores e sensações, seguidas de uma forte luz que tomou todo o ambiente – a natureza de pura sabedoria, compaixão e felicidade. De dentro dessa luz, apareceram grandes bolhas transparentes e, em cada uma delas, havia símbolos sânscritos que ele encontrara nos textos budistas. Conforme ele memorizava o conteúdo de uma bolha, ela desaparecia e a próxima se aproximava. Seu corpo, fala e mente foram totalmente apoderados pela energia e pelos símbolos Reiki e, então, ele entendeu o sentido completo de cada símbolo.

Esse conhecimento emergiu espontaneamente, quase como se o doador e receptor fossem da mesma natureza. Parecia que ele havia esquecido apenas temporariamente essa verdade interna, e havia agora lembrado ou resgatado esse conhecimento de seu próprio ser; chamando-o, então, Reiki, ou Energia de Força Vital Universal.

Quatro Milagres do Reiki

Dr. Usui sentiu-se profundamente tocado, privilegiado e eufórico com o que havia acontecido e queria retornar rapidamente ao monastério para dividir suas experiências com o abade, que havia lhe dado tanto e tinha sido tão importante em sua busca para descobrir o Reiki.

Na pressa para retornar ao monastério, dr. Usui bateu o dedo em uma pedra. Seu dedo sangrava e doía e, então, ele rapidamente sentou e segurou seu pé entre as mãos. A ferida sarou instantaneamente e esse foi o primeiro milagre de cura do Reiki.

No caminho de volta, ele parou em uma estalagem na beira da estrada e pediu uma grande refeição. De início, o cozinheiro recusou-se a servi-la, pois reparara que o doutor retornava de um longo jejum, e uma refeição exagerada lhe faria muito mal. Mas dr. Usui insistiu e não sofreu nenhum mal-estar, sendo esse o segundo milagre do Reiki. A refeição foi trazida pela neta do cozinheiro, que estava com uma forte dor de dente. Dr. Usui perguntou se podia tocar a área afetada; ao tocar, a dor cessou e o inchaço regrediu imediatamente. Esse foi o terceiro milagre de cura. Dr. Usui ficou exaltado e continuou seu percurso em direção ao monastério para contar as boas noticías.

No monastério, os monges contaram ao dr. Usui que o abade estava confinado em seu quarto, sofrendo de artrite. Ele então tomou um banho, vestiu-se com roupas limpas e visitou o abade, que ficou muito feliz por vê-lo e ouvir sobre a sua descoberta. O abade pediu uma demonstração de seu dom e imediatamente teve a dor aliviada. Eles discutiram sobre as formas como a técnica de cura utlilizada pelo doutor poderia ajudar outras pessoas e sobre quais delas precisavam mais do Reiki do que outras.

O doutor decidiu viver nas favelas de Kyoto onde ofereceria o Reiki aos pobres e aos sem-teto. Então, quando estivessem prontos, ele os ajudaria a encontrar trabalho e mandaria os mais jovens ao monastério, onde seriam treinados pelos monges em conhecimentos que os sustentariam. O abade apoiou firmemente a decisão do doutor, mas o lembrou: "Você precisa curar a pessoa de forma total, algo temporário não é suficiente. As pessoas devem buscar genuinamente uma mudança positiva de longo prazo, antes que uma melhora total e permanente seja possível".

Uma Lição Valiosa

O dr. Usui praticou e ensinou Reiki por vários anos nas áreas mais pobres de Kyoto e, embora suas intenções e ofertas de ajuda frequentemente fossem recebidas com escárnio, ele não desistiu, pois muitas pessoas pareciam se beneficiar da prática. No entanto, depois de certo tempo, ele começou a notar que alguns de seus alunos de Reiki mendigavam nas ruas novamente, e ele lhes perguntou por que faziam aquilo. Eles explicaram que trabalhar e viver em troca de um salário era muito mais difícil do que sair para mendigar todos os dias, ou seja, mesmo que fossem capazes de se sustentar, eles não tinham a força de vontade para continuar a melhorar ou para manter o nível de vida.

Ao descobrir isso, dr. Usui ficou muito decepcionado, desistiu de sua missão e recuou para meditar sobre o que acontecera. Ele pensou nos monges e na ênfase que davam ao encorajamento da disciplina moral, do autodesenvolvimento e da ética espiritual, e percebeu que esse aspecto faltava em seu projeto de cura com os mendigos. Parecia que o Reiki tinha lhes ajudado a ver que uma forma diferente de vida era possível e tinha, inicialmente, apoiado e permitido mudanças físicas e mentais positivas. No entanto, seu desejo de uma mudança definitiva era fraco e não estava baseado em uma intenção contínua e forte de melhora, ou uma compreensão do perigo da espiral descendente na qual estavam física, mental e espiritualmente.

Consequentemente, o momento de suas moralidades, até então melhoradas, regrediu, e eles foram levados de volta pelo peso de seus hábitos antigos e profundamente enraizados. Esse não era um julgamento de como os mendigos deveriam ter vivido, já que todos temos o direito de escolher como será o nosso caminho, e, realmente, muitos desses pacientes antigos, que tentaram sinceramente, foram capazes de transformar a vida permanentemente com a ajuda do Reiki. Então, o doutor teve de revisar completamente o seu método e, após um período de meditação e contemplação, ele introduziu os Cinco Princípios do Reiki como prática diária:

Apenas por hoje, não se preocupe.
Apenas por hoje, não tenha raiva.
Honre seus pais e mestres.
Ganhe sua vida honestamente.
Mostre gratidão a todos os seres vivos.

Esses princípios são, dessa forma, ensinados por vários Mestres de Reiki ocidentais, e são muito similares aos da versão japonesa, originalmente atribuída ao Imperador Meiji do Japão (1868-1912). No memorial do dr. Usui, eles são chamados de Cinco Princípios do Imperador Meiji (veja o memorial de Usui nas páginas 35 a 38).

Uma Lanterna no Escuro

Depois de um tempo trabalhando com o Reiki, o doutor percebeu que ele deveria procurar pessoas com um desejo real de melhorar suas qualidades interiores, assim como a qualidade de suas vidas. Resolveu, então, viajar pelo Japão e ensinar o Reiki onde as pessoas estivessem tentando criar uma vida melhor e procurando uma oportunidade para aprender e crescer.

Ao chegar a uma cidade, ele geralmente andava ao seu redor segurando uma lanterna acesa. As pessoas riam dele e perguntavam o porquê da lanterna. Ele respondia: "Nesta cidade só vejo escuridão; se vocês quiserem aprender mais sobre a sua luz interior, devem vir para a minha palestra esta noite". Lá, ele contava a história do Reiki e oferecia cura aos outros e, assim, muitas pessoas conheceram o Reiki no Japão.

O Reiki Vem ao Ocidente

Na metade da década de 1920, dr. Usui conheceu o dr. Chujiro Hayashi, um oficial da marinha reservista de 47 anos. Apesas de ter passado a maior parte de sua vida ativa nas forças armadas, ele nutria um interesse pelo caminho espiritual e pela arte da cura. Provavelmente, deve ter se sentido muito tocado e impressionado com a presença pacífica, ainda que poderosa, do Reiki, de sua sabedoria profunda e da compaixão genuína. Após praticar e experimentar o Reiki por certo tempo sob a liderança de dr. Usui, ele decidiu devotar o resto de sua vida à prática e ao ensino da técnica.

Diz-se que dr. Usui e dr. Hayashi trabalharam juntos para desenvolver a "*Forma do Reiki*", ou seja, como fazer os melhores tratamentos, as doze posições de mão, os diversos níveis de treinamento e como ensinar o Reiki. O legado deles é um sistema de cura muito claro, forte e simples, que nos permite manter o Reiki ligado à verdadeira Essência e Forma das intenções do dr. Usui.

Após a morte do dr. Usui, dr. Hayashi foi considerado o Segundo Grande Mestre do Reiki. Dr. Usui foi enterrado em um templo perto de Kyoto, e teve a história de sua vida escrita em uma pedra memorial (veja o texto no final deste capítulo). Diz-se que a sua sepultura foi honrada pelo Imperador do Japão.

Uma Nova Era para o Reiki

O dr. Hayashi dirigiu com outros profissionais uma clínica de Reiki muito bem-sucedida, em Tóquio, até 1940. Durante esse período, ele ensinou e ofereceu essa prática a muitas pessoas e manteve registros detalhados de todos os seus casos. No final da década de 1930, dr. Hayashi teve diversos *insights* e intuições sobre a Guerra Mundial, que era iminente, e sobre como ela afetaria a si e ao futuro do Reiki. Por causa de sua experiência militar anterior, não pôde evitar o serviço militar. Incapaz de conciliar sua experiência de cura com a possibilidade de ferir outros, e entendendo que a guerra tornaria o futuro do Reiki no Japão incerto, optou por passar o título de Grande Mestre para outra pessoa que pudesse continuar o seu trabalho em outro lugar. Ele, então, escolheu a sra. Hawayo Takata para ser a Terceira Grande Mestre do Reiki. Ela era, na época, uma mestre experiente e respeitada que trabalhava no Havaí, e essa escolha simbolizou a confiança de dr. Hayashi nela.

No final de sua vida, dr. Hayashi ensinou à sra. Takata tudo o que aprendera com o dr. Usui e com sua própria experiência. No dia de sua morte, ele reuniu a família, despediu-se e deixou notas pessoais. Ele se sentou na posição tradicional japonesa, meditou e rezou por pouco tempo. Então, respirou profundamente e faleceu em paz. Dr. Hayashi, assim como o seu mestre, dr. Usui, era um grande homem; juntos, eles foram responsáveis pela criação e expansão de um dos sistemas de cura mais simples, profundos e completos, jamais conhecidos.

A História da Sra. Takata

Hawayo Takata, filha de japoneses, nasceu no Havaí em 1900. Aos 29 anos, seu marido faleceu e ela foi deixada sem dinheiro para criar suas duas filhas pequenas. Aos 35 anos, teve sérios problemas de saúde; havia perdido muito peso e sofria muito pela perda de vários familiares. No outono de 1935, após ter quase chegado ao fim de suas forças, rezando muito e buscando alívio para sua alma, ela teve a intuição de que a resposta para os seus problemas seria encontrada no Japão. Desesperada, mas ainda confiante de que sua intuição viera de Deus, ela viajou para Tóquio para visitar um amigo médico em um hospital. Após muitos testes, ela soube que a única solução seria uma cirurgia. No entanto, antes da operação, ela teve uma intuição mais forte de que a cirurgia não seria necessária e de que ela conheceria uma outra forma de tratamento. Para surpresa dos médicos e enfermeiros, recusou a anestesia e deixou seu leito. Enquanto saía do hospital, perguntou ao seu amigo médico se ele conhecia outra forma de tratamento, e ele lhe falou sobre a clínica de Reiki de dr. Hayashi. Takata visitou o especialista, e, apesar de seu ceticismo com a simplicidade da técnica, decidiu continuar o tratamento com ele. Para a sua surpresa e alegria, sua saúde começou a melhorar e progrediu até que todos os seus problemas cessaram.

Reiki Além do Japão

A vida da sra. Takata foi tão completa e fantasticamente transformada pelo Reiki que, por gratidão, ela tinha de aprendê-lo e dividi-lo com os outros. Perguntou então ao dr. Hayashi se ele lhe ensinaria o Reiki para que pudesse praticá-lo no Havaí. Nessa época, o Reiki ainda não havia sido praticado fora do Japão, e o dr. Hayashi provavelmente se preocupou com a manutenção da autenticidade da prática quando interpretada por outra cultura.

No entanto, mesmo nesse estágio, ele deve ter imaginado que o Reiki deveria ser difundido muito além do Japão e concordou com o pedido da sra. Takata com a condição de que ela permanecesse no Japão como praticante aprendiz durante um ano. Ele a ensinou como curar a si mesma, como aplicar o Reiki a outros e como desenvolver um relacionamento profundo com a prática, de maneira que, com o tempo, ela necessitasse de menos auxílio do dr. Hayashi e fosse capaz de confiar em sua própria sabedoria, intuição e experiência. Dr. Hayashi ficou muito satisfeito com o progresso dela, e um pouco antes de retornar ao Havaí, ele a iniciou no Segundo Grau do Reiki.

No Caminho de Tornar-se Mestre

Depois que a sra. Tataka já havia estabelecido a prática do Reiki no Havaí, com sucesso, durante dois anos, ela convidou o sr. Hayashi para visitá-la no começo de 1938. Ele ficou muito impressionado com o que ela havia alcançado e como ela havia respeitado e enfatizado a linhagem e tradição cultural do Reiki. Durante essa visita, a sra. Tataka foi iniciada como Mestre do Reiki.

Dr. Hayashi reconheceu a compreensão e empatia natural da sra. Takata com relação ao sofrimento das pessoas, pois vinham da compreensão do seu próprio sofrimento. Durante os anos seguintes, ele também reconheceu suas qualidades de integridade profissional, honestidade e apreciação pelo valor e potencial do Reiki como técnica de cura e ferramenta para o crescimento espiritual e pessoal. Frequentemente, ele sentia que Hayako Takata seria a pessoa ideal para proteger e levar a linhagem do Reiki adiante.

Em 1941, não muito antes de sua morte, apesar de ter ensinado outros mestres, ele decidiu que, devido à sua dedicação completa e por ser um grande exemplo vivo do Reiki, a sra. Takata deveria sucedê-lo como Terceira Grande Mestre do Reiki. Após a morte do dr. Hayashi, ela continuou a praticar e ensinar Reiki no Havaí por muitos anos, e só veio a ensinar Mestres de Reiki aos 70 anos, quando se sentiu segura de que seus alunos estavam prontos a receber, e ela e o Reiki prontos para doar.

A Quarta Grande Mestre do Reiki Ocidental

Hawayo Takata faleceu em 11 de dezembro de 1980, após ter formado 22 mestres nos Estados Unidos e no Canadá. Sua neta, Phyllis Lei Furumoto, tornou-se a Quarta Grande Mestre do Reiki e carrega esse título até hoje. Phyllis lembra de ajudar sua avó com tratamentos de Reiki, cotidianamente. De certa forma, essa conexão desde cedo com a sra. Takata seria o começo de seu caminho para tornar-se uma Grande Mestre. Quando cresceu, o Reiki deixou de ser uma presença corriqueira em sua vida, e ela desenvolveu uma carreira pessoal e profissional. Apesar da sra. Takata sempre falar sobre o seu trabalho com o Reiki, foi apenas aos 30 anos que ela considerou os pedidos da avó de viajar e praticar o Reiki com ela.

A escolha foi decisiva na vida de Phyllis. Avó e neta passaram muito tempo juntas, como colegas, praticando, falando e discutindo sobre Reiki. Às vezes, elas divergiam sobre decisões de vida e o trabalho com o Reiki. Esse relacionamento e o processo de aprendizado continuaram até o falecimento da sra. Takata, já que Phillys sempre sentia a sua presença forte e pacífica. Suas diferenças e discussões como Mestres de Reiki foram uma fonte de ideias e autodescoberta e, talvez, tenham dado confiança à Phyllis para criar a sua própria noção de como gostaria de ser uma Mestre de Reiki.

Uma Comunidade de Reiki Global

Em todo o mundo, o conhecimento do Reiki foi difundido oralmente, nascido das experiências positivas dos indivíduos – um processo de crescimento muito orgânico e natural. Era desejo da sra. Takata que o Reiki se tornasse uma técnica de cura mundialmente conhecida. A realização desse objetivo fez com que o papel do Grande Mestre mudasse. Hoje, o Grande Mestre Ocidental diminuiu seu papel como uma figura espiritual cuja única responsabilidade é a manutenção da linhagem, e tornou-se mais um facilitador que, por exemplo, permite e encoraja praticantes, grupos e a comunidade Reiki a encontrar, desenvolver e estabelecer seus próprios processos naturais de crescimento e ordem.

Recentemente, com a popularização do Reiki no mundo, Phyllis dividiu suas responsabilidades e demandas com Paul Mitchell. Também aluno da sra. Takata, e um Mestre de Reiki conhecido e respeitado, Paul tem muita experiência e uma habilidade natural para expressar e comunicar a Forma do Reiki tradicional a partir de uma perspectiva ocidental. A ênfase crescente na forma surgiu em resposta ao número e à diversidade de povos e culturas que agora praticam o Reiki, e à possibilidade de que, com o tempo, sem Forma, podemos, talvez, diluir ou perder a habilidade de avaliar, alcançar e receber a Essência do Reiki.

Talvez possamos encarar a prática em questão como uma árvore, com os galhos representando a Forma, e a seiva, a Essência; ambos mutuamente dependentes e complementares para um crescimento contínuo e saudável. Para manter e proteger a habilidade para alcançar puramente a Essência do Reiki, a Forma simples nos proporciona um guia comum, em um nível consciente, facilmente comunicável pelos professores de Reiki de maneira similar. O Reiki parece estimular as diferenças culturais e individuais de expressão e criação, enquanto a Essência dessas experiências permanece atemporal, universal e comum a todos.

Juntos, Phyllis e Paul apoiam-se e complementam-se, viajam como uma equipe e como indivíduos, dividindo seu conhecimento e seus exemplos de vivência do Reiki e ajudando a criar grupos de Mestres capazes de conduzir e comunicar a Essência e a Forma do Reiki em suas comunidades de origem. Talvez esse processo seja a melhor forma de levar o Reiki e seus praticantes adiante. Esse processo de aquisição de poder individual parece ser a mensagem que Phyllis e Paul tem dado por meio de seu trabalho.

O Reiki Japonês: Um Novo Começo

Muitos aspectos da história tradicional ocidental do Reiki foram questionados, e as novas informações sobre as origens da prática, da forma como é conhecida e praticada no Japão, trouxeram uma nova luz à comunidade Reiki global. Parece até que abrimos as janelas e permitimos que ar fresco entrasse e nos levasse para um novo nível de consciência. Tais mudanças sempre trazem pequenos conflitos ou diferenças de opinião, mas isso pode ser muito positivo se estivermos abertos a novas ideias e ao crescimento interior. Talvez, tomar conhecimento dessas novas informações, seja símbolo de uma oportunidade para nos vermos, e ao Reiki, de uma nova maneira.

O que se segue é um artigo de Frank Arjava Petter, muito conhecido pelo seu trabalho de descoberta e apresentação de informações sobre as raízes dessa técnica e sobre como ela é praticada no Japão, atualmente. Sua visão oferece-nos uma perspectiva diferente e talvez mais clara da linhagem do Reiki no Ocidente.

Reiki: Quem Está no Comando?

Por Frank Arjava Petter

> Eu tive a oportunidade de viver no Japão e dar aulas de Reiki aqui desde 1993. Com a ajuda de minha mulher japonesa, Chetna, e Shizuko Akimoto, uma Mestre de Reiki japonesa, eu tive contato com muitas pessoas que foram ensinadas pelos antigos alunos do dr. Usui, assim como membros de sua família e da família de Usui Shiki Ryoho, de Tóquio. Durante esses encontros, discutimos a história do Reiki e como ele é praticado no Japão. Por essas fontes, eu conheci muitos aspectos interessantes dessa prática, ainda desconhecidos no Ocidente.
>
> Por muitos anos, vimos a história do Reiki sob o ponto de vista ocidental. Essa história tinha algumas limitações, e por causa

de barreiras culturais e linguísticas entre o Japão e o Ocidente, muitas ideias da história ocidental não se verificavam. A vida do dr. Usui, ou Usui Sensei, como é chamado por seus seguidores no Japão, estava encoberta por uma aura mística. Por isso, algumas informações errôneas sobre sua vida se difundiram. Recentemente, a questão de quem foi o verdadeiro sucessor de Usui Sensei foi novamente levantada e, por essa razão, eu gostaria de deixar as coisas definitivamente claras.

Desde que Usui Sensei faleceu, em 9 de março de 1926, a Usui Shiki Ryoho, que ele fundou e presidiu, teve cinco presidentes em sequência, os verdadeiros e únicos sucessores de Mikao Usui. Seu primeiro sucessor foi o sr. Ushida, que assumiu as responsabilidades após o falecimento de Usui Sensei. O segundo foi o sr. Iichi Taketomi; o terceiro, o sr. Yoshiharu Watanabe; o quarto, sr. Wanami; e a atual sucessora é a srta. Kimiko Koyama.

Os títulos de Grão-Mestre[2], ou Portador da Linhagem, não eram e não estão em uso no Usui Shiki Ryoho, ou Usui Kai, como é chamado hoje. Consequentemente, esse título nunca foi passado ao sr. Shujiro Hayashi, como se acredita atualmente no Ocidente. O único sucessor de Usui Sensei foi o sr. Ushida, em 1926. O sr. Hayashi foi um dos discípulos respeitados de Usui Sensei, e apenas isso. Antigamente, discípulos como o sr. Hayashi, que receberam do presidente o status de professor, geralmente tinham seus próprios seguidores. É por esse motivo que há tantas ramificações do Reiki no Japão. No entanto, não há dúvidas quanto à liderança da srta. Kimiko atualmente.

O motivo pelo qual a verdade sobre o real sucessor de Usui Sensei nunca chegou ao Ocidente é muito simples. Anos atrás, um membro do Usui Kai informou via telefone que eles não estavam interessados em Reiki vindo de país estrangeiro. O motivo esclarece por que os fatos nunca foram explicados. Em geral, os japoneses são muito compreensivos, muito mais que os ocidentais. Quando chove, chove, e quando o sol brilha, brilha. O interesse dos japoneses pelo que acontece

2 Traduzido assim pois em inglês é Grandmaster, diferentemente de Grand Master.

no exterior é geralmente nulo, como é o caso da destruição ambiental, guerras internacionais, política e, logicamente, o Reiki e as inverdades que circulam sobre ele. Tantos abusos foram disseminados em nome do Reiki, que não surpreende que o Usui Kai do Japão mantenha o conhecimento guardado; eles não querem se envolver nessa polêmica.

No entanto, não sou japonês, não tenho caráter passivo e sou um apaixonado pela verdade. É por essa razão que quero deixar as informações anteriores com todos vocês. O Reiki é energia pura, independentemente do rótulo que colocamos nele. Não há um Reiki certo ou errado. A energia não tem atributos morais e ninguém pode possuí-la. É o nosso direito de nascença e, portanto, é livre como o vento.

Nesse espírito de amor, luz e unicidade, desejo-lhes o melhor nesse caminho pela luz, do Japão, com amor.

Frank Arjava Petter é Mestre de Reiki e vive no Japão. É autor de Reiki Fire, publicado pela Lótus Light Publications.

Para Onde Agora?

O artigo de Petter nos dá um exemplo do tipo de informação que está sendo descoberta sobre as origens do Reiki. Seus pensamentos e observações salientam a profundidade da paixão que muitos praticantes sentem pelo futuro do Reiki e como lidamos com a questão da linhagem. Forma e pureza da prática. Informações mais claras sobre a história do Reiki são inestimáveis e nos ajudam a nos alinhar com as intenções originais do dr. Usui e com a essência do Reiki. No entanto, muitas respostas a essas perguntas são dadas por praticantes individuais, pois são desafios pessoais e, portanto, oportunidades de crescimento para cada um.

O artigo seguinte, escrito por Mary Ellis, uma Mestre do Reiki Independente inglesa, se debruça sobre esse ponto.

A Integridade do Reiki: Somos Reiki?

Por Mary Ellis

A atual confusão e o fogo cruzado, em alguns casos envolvendo processos legais entre os Mestres, destacam um tempo de reavaliação profunda e, talvez, dolorosa de meu aprendizado e evolução por meio da experiência do Reiki.

Eu encontrei a técnica em 1992. Fui a uma palestra introdutória, e durante a noite nós colocamos nossas mãos nos chakras do coração, e foi como se eu tivesse chegado ao meu lar. Eu soube que, fosse o que fosse, o Reiki era o certo para mim. E por uma compreensão mais profunda e intuitiva, eu soube, definitivamente, que o Reiki era tudo o que precisamos para curar a nós e aos outros, ao permitir que ele fluísse dentro de nós.

Reiki é Amor. Mais do que o que é visível, de cura prática, é a essência do amor incondicional. Se fossemos capazes de *ser* esse amor, dá-lo aos outros e a nós, não haveria necessidade de Reiki ou nenhum tipo de cura, pois não haveria doença, medo, ódio, ganância, amargura, terror, dor e desespero, porque o amor é a ausência de tudo isso.

Eu me recordo dos passos para o meu despertar nos últimos cinco anos, a mudança sutil e constante de alguém que, por causa do medo, estava sempre pressionando, e, às vezes, até intimidando, para conseguir o que eu queria. Eu estava desesperada para ter o que achava que deveria para preencher-me: alegria, segurança, paz e amor. Eu me lembro com grande gratidão do meu salto de consciência.

E com esses tempos de grande confusão, de promoções explosivas, de um crescimento do Reiki por modismo no nosso mundo tridimensional; como distinguir o que é melhor do que é abusivo?

O oposto da confusão é a clareza. No Encontro da Associação de Reiki[3] de 1994, Phyllis Lei Furumoto estava muito certa de que não podemos deixar a confusão nos cegar da verdade do Reiki. O Reiki, quando a harmonização[4] é recebida, independentemente de qual Mestre harmonize e a quem, e de quem seja que a doe e a quem, está sempre lá. Ele

---

3 NT.: Reiki Association Gathering.

4 Tradução de "attunement": "procedimento que auxilia a abertura e expansão das habilidades psíquicas inatas". [Fonte: http://www.docstoc.com/docs/7198923/Reiki-Psychic-attunement-explained].

> não pode ser quantificado ou estruturado racionalmente. Sua simplicidade define que ele apenas é; e quando doado para cura, ele flui por si mesmo na quantidade certa para onde é necessário. Quando conseguimos fazer esse câmbio em nossa consciência para permitir que nosso coração se alinhe com a nossa divindade, quando o nosso ego se coloca a serviço de nossa alma, então, creio que o Reiki se torna algo mais. Seu potencial de cura e de bem é vasto e está muito além de nossa percepção limitada do presente.
> A confusão nos força a olhar dentro de nosso coração, para questionar nossa própria integridade. O desarranjo presente tem um propósito; como praticantes e professores de Reiki, é um desafio pessoal e coletivo buscar clareza para reconhecer e ser a nossa própria verdade – nós praticamos o Reiki ou nós *somos* o Reiki?

Conforme os fatos se descortinam, a tradição ocidental do Reiki assume três caminhos: o alinhamento com a linhagem japonesa, a adesão à nossa linhagem e história tradicional, ou um meio-termo; e a possibilidade de que esses dois aspectos cresçam gradualmente, a ponto de tornarem-se um único movimento ao reconhecer e dar valor a nossas diferenças e semelhanças.

Precisamos de uma Grande Mestre? Para aqueles que precisam, temos uma muito boa; para aqueles que não, não há problema. Não há motivo para que aqueles que desejam manter e apoiar uma Grande Mestre do Reiki ocidental não devam fazê-lo. De fato, muitas pessoas concordam que Phyllis Furumoto é excelente para o papel. Talvez, mais importante, se quisermos uma história do Reiki correta e alinhada com as intenções do dr. Usui, então, a tradução da história da pedra memorial[5], a seguir, é perfeita.

A inscrição na pedra memorial foi feita anonimamente por um dos discípulos mais próximos de dr. Usui. Em uma seção, ele diz: "Mesmo hoje, após o falecimento do dr. Usui, o Reiki vai difundir-se longe e amplamente por um longo tempo, ainda". Então, ele deve ter percebido que, um dia, muitas pessoas leriam as suas palavras sobre o dr. Usui e o Reiki. Podemos, assim, assumir que ele escolheu suas palavras com cuidado e que elas são verdadeiras e precisas.

---

5 NT.: Memorial Stone.

Quase no fim da inscrição, o autor diz: "Foi pedido a mim que escrevesse essas palavras para manter o seu grande trabalho vivo", referindo-se ao trabalho do dr. Usui. Isso nos dá uma mostra da potência da inscrição e de sua relevância para os praticantes e, principalmente, professores de Reiki. A leitura e a contemplação regular do significado da inscrição pode ajudar-nos a criar uma conexão próxima com o dr. Usui e entender o que torna um praticante, ou um professor de Reiki, "bem-sucedido".

A seguir, está a tradução da transcrição na Pedra Memorial do dr. Mikao Usui, o fundador do Reiki. A sepultura e a pedra memorial dele podem ser encontradas no templo Saihoji, no distrito de Toyotama, em Tóquio, no Japão.

Inscrição no Memorial do dr. Usui

"Alguém que estuda muito (por exemplo, pratica meditação) e trabalha assiduamente para melhorar o corpo e a mente para tornar-se uma pessoa melhor, é chamado de 'um homem de grande espírito'. As pessoas que usam esse grande espírito para um propósito social, isso é, para ensinar o caminho certo para os outros e para fazer o bem coletivamente, são chamadas de professores. Dr. Usui foi um professor. Ele ensinou o Reiki do universo (energia universal). Incontáveis pessoas vieram até ele e pediram que as ensinassem o grande caminho do Reiki e que as curassem.

Dr. Usui nasceu no primeiro dia do período Keio, chamado Keio Gunnen, em 15 de agosto (1864). Seu primeiro nome foi Mikao e seu outro nome é pronunciado Gyoho (ou Kyoho[6]). Ele nasceu no vilarejo de Yago, no distrito de Yamagata, na prefeitura de Gifu. O nome de seu ancestral é Tsunetane Chiba e seu pai era Uzaemon. O nome da família de sua mãe era Kawaai. Ao que se sabe, ele foi um aluno talentoso e esforçado. Quando adulto, viajou para diversos países ocidentais e para a China, para estudar. Ele trabalhou arduamente, mas, em certos momentos, teve má sorte. No entanto, não desistiu e estudou com afinco.

---

6 O nome do dr. Usui pode ter mudado, pois este é um costume tradicional japonês para um professor, de dar um novo nome ao seu aluno, para quebrar a continuidade com o passado e começar novamente. Eventualmente, o próprio aluno adotava um novo nome.

Um dia, foi ao Monte Kurama em um retiro de 21 dias para jejuar e meditar. Ao final desse período, ele subitamente sentiu a energia grandiosa do Reiki no topo de sua cabeça, que o levou a tal sistema de cura. Ele primeiramente aplicou o Reiki em si, depois em seus familiares. Já que funcionou muito bem com leves mal-estares, decidiu dividir esse conhecimento com o grande público e abriu uma clínica em Harajuku, Aoyama-Tóquio, em abril do 11º ano do período Taisho (1921). Ele não só ofereceu tratamento a incontáveis pacientes, alguns dos quais vindos de muito longe, como organizou workshops para difundir seu conhecimento. Em setembro do 12º ano do período Taisho (1923), Kanto, o terremoto devastador, destruiu Tóquio. Milhares foram mortos, feridos, ou ficaram doentes após o ocorrido. Dr. Usui lamentou por seu povo, mas também levou o Reiki à cidade devastada e usou seus poderes na cura dos sobreviventes. Logo, sua clínica ficou muito pequena para acolher a enorme demanda de pacientes e, então, em fevereiro do 14º ano do período Taisho (1924), ele construiu uma nova clínica fora de Tóquio, em Nakano.

Sua fama disseminou-se rapidamente pelo Japão, e começaram a chegar convites para visitar pequenas cidades e vilarejos. Uma vez ele foi a Kure, outra à prefeitura de Hiroshima, depois à prefeitura de Saga, e a Fukuyama. Foi durante sua visita a Fukuyama que ele sofreu um derrame fatal, em 9 de março do 15º ano do período Taisho (1926), quando tinha 62 anos.

Dr. Usui tinha uma esposa chamada Sadako cujo sobrenome de solteira era Suzuki. Eles tiveram um filho e uma filha. O filho, Fuji Usui, assumiu os negócios da família após o falecimento de seu pai.

Dr. Usui era uma pessoa muito amigável, simples e modesta; fisicamente, era saudável e proporcional. Ele nunca foi pretensioso e sempre sorria, era também muito corajoso quando enfrentava adversidades. Cuidadoso, tinha muitos talentos, apreciava a leitura, e seus conhecimentos de medicina, psicologia, adivinhação e de religiões do mundo todo eram vastos. Esse hábito permanente de estudo e coleta de informação certamente o auxiliou na construção do caminho da percepção e compreensão do Reiki. (Creio que isso se refira a sua experiência no Monte Kurama.) O Reiki não apenas cura doenças, mas também amplia habilidades inatas, equilibra o espírito, torna o corpo saudável, e, portanto, ajuda a atingir a felicidade. Para ensinar isso a outras pessoas, você deve seguir os cinco princípios do Imperador Meiji e contemplá-los em seu coração. Eles devem ser repetidos diariamente, uma vez pela manhã e uma vez à noite:

Não tenha raiva hoje.
Não se preocupe hoje.
Seja grato hoje.
Trabalhe duro hoje (prática meditativa).
Seja gentil com os outros hoje.

O objetivo final é entender o método antigo e secreto de atingir a felicidade (Reiki) e, consequentemente, descobrir uma cura múltipla para vários mal-estares. Se esses princípios forem seguidos, você conseguirá a mente tranquila dos antigos sábios. Para começar a difundir o sistema Reiki, é importante começar por um lugar próximo a você (você mesmo). Não comece por algo distante, como a filosofia ou a lógica.

Sente-se de forma ereta e em silêncio, toda manhã e toda noite, com suas mãos dobradas nas posições Ghasso ou Namaste. Siga os grandes princípios, seja limpo e quieto. Trabalhe em seu coração e faça coisas de dentro do espaço silencioso que existe em você. Qualquer pessoa pode acessar o Reiki, porque ele começa nela mesma. Paradigmas filosóficos estão mudando o mundo. Se o Reiki puder ser espalhado pelo planeta, tocará os corações humanos e a moral da sociedade. Será útil para muitas pessoas e não apenas curará doenças, mas também a Terra, como um todo. Mais de 2 mil pessoas aprenderam Reiki com o dr. Usui, e muitas outras pessoas aprenderam com os seus discípulos mais velhos, e eles levaram o Reiki ainda mais adiante. Mesmo agora, com o falecimento do dr. Usui, o Reiki irá difundir-se por muitos lugares e por ainda muito tempo. É uma benção universal ter recebido o Reiki do dr. Usui e ter a possibilidade de passá-lo a outros. Muitos de seus alunos se encontraram para construir este memorial aqui no Templo Saihoji, no distrito de Toyotama.

Foi-me pedido que escrevesse estas palavras para ajudar a manter o seu grande trabalho, que eu admiro profundamente, vivo. Gostaria de dizer a todos os seus discípulos que estou honrado por ter sido escolhido para esta tarefa. Que muitos possam compreender o grande serviço que o dr. Usui prestou ao mundo."

A Inscrição do Memorial do dr. Usui foi reproduzida com a permissão do autor e editor alemão de *Reiki Fire*, de Frank Arjava Petter, publicado por Lótus Light Publications nos Estados Unidos, e na Alemanha como *Das Reiki Feuer*, por Windpferd Verlagsgesellschaft mbH.

O texto anterior é do autor e tradutor Frank Arjava Petter e de sua mulher Chetna M. Kobayashi. A tradução original, do japonês tradicional para o japonês contemporâneo, foi feita por Masano Kobayashi, mãe de Chetna. Somos muito gratos por este trabalho especial.

3

O Reiki do Primeiro Grau

Existem quatro níveis de Reiki: Primeiro Grau, Segundo Grau, Avançado e Mestrado. O Primeiro Grau nos ensina como usá-lo em nós mesmos e como dividí-lo com os outros, o que é o foco principal deste livro. Para muitas pessoas, aprender o Reiki é uma experiência muito pessoal. Às vezes, os alunos dessa prática experimentam mudanças muito positivas, sejam físicas, mentais, emocionais, espirituais ou em outras áreas, como nos relacionamentos, carreiras e aspectos financeiros. Para a maioria das pessoas, é o início de um processo sutil, mas poderoso, de melhora da saúde, bem-estar, estilo de vida e autoconhecimento. Muitos praticantes têm uma memória especial do curso de Primeiro Grau, e o veem como um importante ponto de virada na vida.

O Reiki trabalha em harmonia com o indivíduo e com as vidas ao seu redor, e pode tanto funcionar de forma dramática, quanto de maneira muito sutil e discreta; então as mudanças que experimentamos e os benefícios que recebemos podem ser imediatos ou levar tempo para ser notados. Outras pessoas podem notar essas diferenças antes de nós, já que nem sempre é fácil olhar para nossa própria mente, porque estamos tão habituados a olhar para fora, em vez de para dentro! Certamente, se praticarmos o Reiki regularmente, com boa motivação, experimentaremos mudanças positivas regulares em nós mesmos e em todos os aspectos de nossa vida. Os que estão próximos de nós também podem ser muito beneficiados, mesmo que não recebam: o tratamento diretamente.

Curando por Dentro

Às vezes, podemos ser relutantes em deixar os hábitos antigos que pareçam seguros e que acreditamos fazerem parte da nossa identidade. Então, a mudança pode parecer desconfortável; se nós não lidamos com situações ou sentimentos difíceis no passado, o Reiki pode nos ajudar a experimentar um período sutil de alívio emocional, seguido de clareza renovada e uma habilidade de colocar o passado em contexto com nosso presente e futuro. Essas mudanças são realmente benéficas, ou seja, quanto mais nos abrimos e acreditamos nesse processo de crescimento interno, mais fácil e prazeroso será, e mais aptos nos tornaremos para usar o Reiki a fim de nos desprendermos de padrões negativos de comportamento e adotar hábitos mais positivos.

A mudança para melhor não deve ser dolorosa ou levar muito tempo; de fato, a mudança está na natureza de todos os fenômenos. Frequentemente, as coisas mudam; a vida é um ciclo constante de nascimento, crescimento, decadência e morte. Se conseguirmos desenvolver a sabedoria para entender isso e liberar a nossa necessidade de controlar a vida, nossa mente ficará mais relaxada, pacífica, aberta e pronta para transformar situações difíceis em oportunidades de crescimento pessoal. Quando passamos a buscar mudanças positivas em nós mesmos – em vez de sermos vítimas das circunstâncias –, tornamo-nos parte da solução em vez de parte do problema.

Encontrando um Mestre de Reiki

O Reiki de Primeiro Grau é geralmente ensinado em até dois dias ou, ainda, em quatro noites, e é muito fácil e prazeroso de aprender. O número de alunos por classe pode variar de acordo com a preferência e experiência do Mestre; geralmente entre cinco e quinze pessoas é o normal.

Durante o treinamento, cada pessoa recebe quatro harmonizações[1]. Elas abrem sutilmente o sistema energético mental e físico e o pre-

---

1 No original, *empowerments*.

para para canalizar a Energia de Força Vital Universal. Esse processo também cria uma conexão permanente, ou portal, para que a energia do Reiki esteja sempre presente em nossa vida. As harmonizações são sutis, pacíficas e poderosas, e agem apenas por alguns minutos em cada pessoa. Isso parece não ser muito, mas a harmonização do grupo está presente no ambiente durante todo o processo; então, há tempo suficiente para receber uma cura muito profunda e pessoal. O Mestre explicará como as harmonizações serão conduzidas e pode, delicadamente, tocar suas mãos, sua cabeça e seus ombros enquanto usa os quatro símbolos do Reiki para ativar e completar o processo. Após a quarta harmonização, o praticante recebeu todo o poder, e a energia do Reiki está estabelecida dentro de seu sistema energético para sempre. O Reiki, então, estará sempre à disposição, e nós podemos optar por usá-lo sempre que desejarmos.

As reações típicas durante e depois de uma harmonização de Reiki são:

- Aumento de energia;
- Paz interior e sensação de calor dentro e na superfície do corpo;
- Sensações suaves de formigamento, ou leves picadas, principalmente nas mãos, que podem também ficar quentes;
- Sensação de fluxo de energia dentro ou na superfície do corpo;
- Clareza de sentidos;
- Diminuição do estresse e dos problemas emocionais;
- Melhora da saúde física;
- Melhora na habilidade de lidar positivamente com situações estressantes;
- Sensação de "chegada ao lar" e de estar em conexão com o "fluxo" da vida;
- Aprofundamento do conhecimento e de experiências espirituais, por exemplo: visão ou sensação de auras, energias, cores etc.;
- Ampliação da clareza da mente e aprofundamento da sabedoria intuitiva, ou interior;
- Sensação generalizada de completude, saúde e alegria; uma percepção mais completa do "ser".

Todos somos diferentes. Algumas pessoas podem não sentir nada durante uma harmonização, e isso também é normal. O Reiki trabalha da forma que nós, como indivíduos, precisamos. Cores, luzes e experiências maravilhosas são muito boas, mas nem sempre necessárias para receber o máximo da técnica. A prática diária e regular e a experiência pessoal de longo prazo são mais válidas. Precisamos de benefícios profundos e duradouros em vez de picos de exaltação.

O Reiki Flui Naturalmente

Não temos que pensar sobre isso ou meditar para que funcione. Temos apenas de colocar nossas mãos em nosso corpo, e o Reiki fluirá naturalmente para onde precisamos mais. É realmente simples assim. Como Hawayo Takata disse uma vez:

Onde estão as mãos, está o Reiki!
Onde não estão as mãos, não está o Reiki!

Se esquecermos o Reiki, ou optarmos por não usá-lo por certo tempo – anos até – ele continuará funcionando apenas ao:

- Colocarmos nossas mãos sobre nosso corpo;
- Colocarmos nossas mãos em alguém, ou algo;
- Fazermos a intenção mental do Reiki, por exemplo: ao direcionarmos o Reiki mentalmente para um propósito específico em vez de uma cura pelas mãos (Isso será melhor explicado no próximo capítulo).

A Responsabilidade do Reiki

Conforme usamos o Reiki, descobrimos, naturalmente, meios mais efetivos de usá-lo e de nos beneficiarmos dele, e as nossas habilidades de cura se amplificarão. No entanto, isso não significa que nos tornaremos mais poderosos! Não é possível a prática como forma de controle. Experiências mostram que intenções negativas levam ao empobrecimento dos relacionamentos, a uma qualidade energética mais baixa e a resultados de cura de curta duração.

Podemos também nos assegurar de que qualquer coisa que pusermos no mundo, com nosso corpo, fala e mente; retornará mais cedo ou mais tarde. No entanto, o Reiki perdoa. Podemos aprender muito com os nossos erros se tivermos um desejo genuíno de curar a nós mesmos e aos outros. O Reiki pode permanecer em torno de nós, guiar-nos e proteger-nos pelo resto de nossa vida e nos ajudar a transformar nossos erros e dificuldades em lições com muito sentido, se desejarmos.

Balanceamento do Chakra Natural

Durante e após as harmonizações de Primeiro Grau, o Reiki entra em nosso corpo e mente através do chakra da coroa (localizado no topo da cabeça), e depois através dos outros chakras maiores e menores. Um chakra é um núcleo de Energia de Força Vital Interior que roda, uma junção no qual canais de energia interna sutil se encontram e onde a energia pode entrar e sair do corpo ou ser transformada em um nível diferente. Temos sete chakras ao longo do corpo: Coroa, Terceiro Olho (testa), Garganta, Coração, Plexo Solar, Sacral (logo abaixo do umbigo) e o chakra Base (Figura 3.1).

Cada chakra carrega uma qualidade diferente de energia e tem funções específicas com relação ao corpo e à mente. Eles variam quanto à cor e qualidade, da Base para cima: vermelho, laranja, amarelo, verde, azul, violeta e dourado. Cada um carrega uma qualidade diferente de energia e tem funções diferentes no que se refere ao corpo e à mente. A presença do Reiki tem um efeito muito positivo nos chakras, encorajando e apoiando a criação e transformação de uma Energia de Força Vital Interna mais aberta, pura e eficiente. Como explicado anteriormente, isso ajuda a estabelecer uma sensação de bem-estar, abertura e clareza mental. Há muitos livros disponíveis que tratam especificamente dos detalhes.

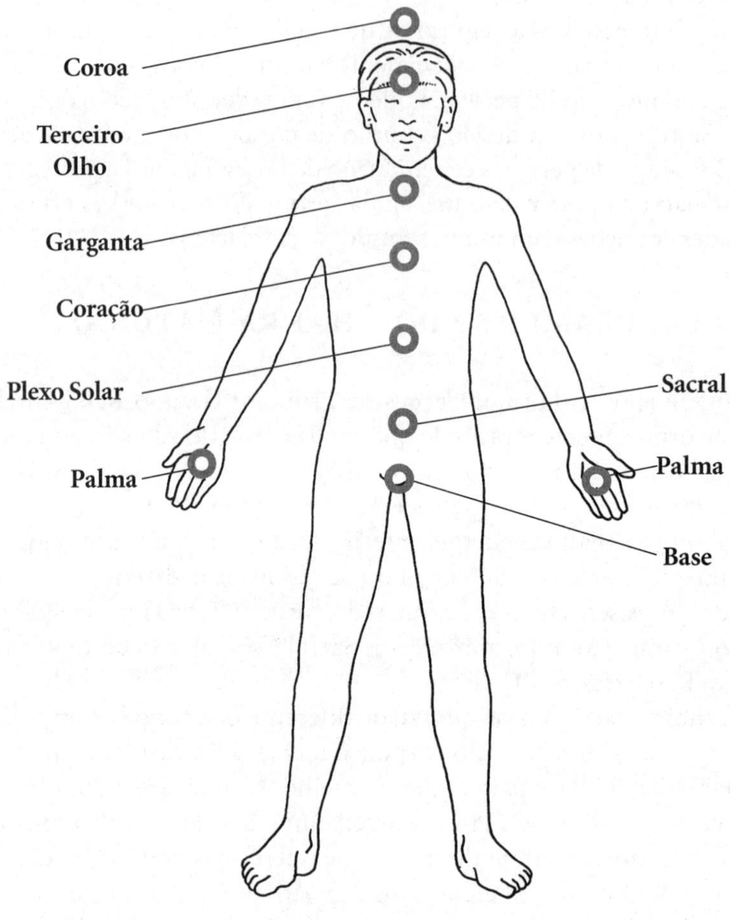

Figura 3.1.: Principais pontos de chakra no corpo humano e chakras das palmas das mãos.

Quando damos Reiki a nós mesmos ou aos outros, recebemo-no através do chakra da coroa e ele flui pelo nosso sistema energético, descendo pelos nossos braços e saindo pelos chakras das palmas das mãos. O Reiki também parece "abraçar" os praticantes (e as pessoas que são tratadas) com uma aura de energia que parece criar um ambiente ou atmosfera especial de cura, enquanto também protege e encoraja o processo.

Energia da Terra

Nós também temos centros de energia, ou chakras, nas solas de nossos pés, que permitem a troca da Energia de Força Vital com a Terra. Devemos estar cientes que apesar da Terra não possuir consciência, como os seres viventes, ela é uma importante fonte de Energia de Força Vital Externa, a qual tem muitos canais e centros os quais são pontos-chave dessas energias que correm por ela de forma similar ao sistema energético de nosso corpo.

Há muitos centros especiais e sagrados de Energia de Força Vital nos quais as energias da Terra estão ligadas àquela de Força Vital Universal e a outros reinos da existência. Esses locais de energia são geralmente marcados por círculos de pedra, edifícios religiosos, estátuas, árvores velhas e outros monumentos. Às vezes, eles não são marcados de nenhuma forma e, geralmente, trocam de posição e qualidade de acordo com as estações, e podem ser afetados por outras influências, incluindo a construção de novos edifícios ou estradas.

Há um relacionamento recíproco entre a Terra, nosso próprio sistema energético e a Energia de Força Vital Universal. Podemos começar a entender esse relacionamento ao estudar a vida de uma árvore.

As árvores precisam de luz solar e alcançam grandes alturas com seus galhos e folhas. Energeticamente, elas também adquirem Energia de Força Vital Universal do alto e Energia de Força Vital Externa do sol. Suas raízes alcançam a profundidade da Terra e absorvem nutrientes, água e a Energia de Força Vital Externa da Terra. O crescimento contínuo de sua saúde é garantido por esse balanceamento de troca de energia. É o meio-termo perfeito entre crescimento interno e externo; um caminho que muitos praticantes espirituais tentam reproduzir em sua própria vida. O ser humano é um centro de energia similar ao de uma árvore; necessitamos de um balanceamento entre a Energia da Terra e a Energia de Força Vital Universal, para que possamos crescer de forma harmônica, em todos os níveis. Podemos ter nossa cabeça nas nuvens, contanto que mantenhamos nossos pés no chão. Conforme alcançamos e recebemos o Reiki, ele começa, então, a abrir nosso coração e mente, projetando-nos para nosso próprio centro. Temos de manter nossos pés no chão para ganhar o máximo com a nossa prática e manter o contato com o mundo real e as necessidades dos outros.

Se continuarmos a nos separar desse relacionamento Terra-Céu cobrindo cada vez mais a terra do planeta 1, vivendo em áreas onde não conseguimos nem vê-lo, e deixarmos de ser parte consciente dessa grande troca de energia, então podemos esperar uma saúde e um estado mental ruins. Dar o Reiki à Terra, através de nossos pés, é uma forma fantástica de curar nosso planeta. Não só a sua energia beneficiará todos os seres vivos do mundo, através do próprio sistema energético da Terra, como você receberá a "Energia da Terra" em troca, o que lhe será uma forma poderosa de cura e crescimento pessoal. Novamente, se tivermos um pouco de tempo para fazê-lo com regularidade, os resultados serão excelentes (Veja "A meditação da Cura da Terra", no Capítulo 9).

Preparação para o Primeiro Grau

O Reiki pode começar a fazer efeito em nós mesmos antes de termos passado pelo Primeiro Grau. Algumas pessoas passam por mudanças naturais nos dias que antecedem o curso: mudanças que envolvem atitudes, relacionamentos, saúde e outros aspectos. Talvez, o Reiki possa funcionar para nós dessa forma, pois definimos uma intenção prévia de nos mover em direção a ele ao planejar fazer o Primeiro Grau; consequentemente, criamos uma ponte mental, ou conexão, pela qual o Reiki pode tocar nossa vida, mesmo antes do tratamento formal começar.

Realmente, não é incomum olhar para trás em nossa vida, após experimentar o Reiki, e observar um padrão de acontecimentos e experiências que parece ter nos levado ao Reiki como o próximo passo de nossa evolução pessoal. Se tivermos interesse na ideia do karma, vale a pena considerar que as nossas ações de dar a cura a outros, em nossa vida passada, e de encorajar os outros a encontrar um caminho espiritual, podem ter criado as razões para encontrarmos o Reiki nesta vida. (Essas ideias serão discutidas detalhadamente no Capítulo 8.)

Para conseguir o máximo do poder do Reiki, é aconselhável passar de três a sete dias preparando-se mental e fisicamente para as harmonizações. Isso não é essencial; portanto, só o faça se acreditar ser positivo para você.

Instruções Pré-Harmonização

As seguintes instruções podem lhe ajudar a criar as condições certas para uma transição suave para o Reiki. O período de autotratamento de trinta dias, após o curso de treinamento, pode nos ajudar a ganhar o máximo da poderosa oportunidade de curar que a energia da harmonização provê.

- Evite comer qualquer tipo de carne antes ou durante as harmonizações;
- Não beba álcool durante esse período;
- Fume menos, ou pare de fumar durante o processo, se conseguir;
- Evite bebidas com cafeína e procure beber bastante água sem gás ou chás de ervas;
- Evite comer chocolate, doces, ou outros alimentos refinados;
- Coma apenas alimentos frescos e considere fazer um breve jejum de água ou suco, mas apenas se você já fez jejuns previamente;
- Veja menos televisão e evite situações de confronto ou estresse;
- Mantenha sua mente em paz, relaxada e feliz;
- Passe um tempo sozinho, em silêncio e em um lugar silencioso; faça caminhadas em áreas agradáveis;
- Medite ou reze por pelo menos dez minutos diários, ou, simplesmente, passe esse tempo em silêncio ou lendo um texto espiritual.

Essencialmente, encare as harmonizações com uma mente tranquila e aberta. As harmonizações funcionarão independentemente de você ter seguido as instruções anteriores ou não, portanto não se preocupe se não tiver tempo suficiente para se preparar; é possível apenas que leve um pouco mais de tempo para receber o efeito total dos apoderamentos.

Ocasionalmente, uma limpeza do corpo e da mente pode ocorrer antes, durante ou logo depois do curso de Primeiro Grau. Isso pode envolver:

- Um mal-estar breve e leve, como um resfriado ou gripe;
- Suores;
- Dores de cabeça;
- Vontade de urinar frequente;
- Necessidade de mais horas de sono;
- Mais sede;
- Perda temporária ou aumento de apetite;
- Problemas físicos leves;
- Algum tipo de alívio emocional, como choro ou riso.

Após as harmonizações, devemos dar-nos um tratamento de Reiki completo todos os dias, durante trinta dias. Beber muita água ou chás herbais e alimentar-se de forma saudável durante esse período, pode ser positivo. Como mencionado, uma desintoxicação leve pode ocorrer, mas isso passará rapidamente à medida que o corpo continua a limpar-se e rebalancear-se. Ocasionalmente, esse processo pode levar tempo, talvez semanas ou meses, principalmente se você estiver levando uma vida pouco saudável, ou tem tido experiências difíceis.

Esse é um processo positivo e necessário para limpar e curar o organismo. Ocasionalmente, os sintomas de desintoxicação podem tornar-se mais intensos conforme recebemos mais Reiki; se isso ocorrer, devemos ser pacientes, lembrar que é um processo positivo e que passará com o tempo. Tente fazer menos Reiki, mas com mais frequência; portanto, em vez do tratamento completo uma vez ao dia, experimente fazer duas sessões de meia hora ou três sessões de vinte minutos por dia e, gradualmente, aumente para o tratamento completo em uma sessão. Se isso ainda for muito, apenas faça o que julgar correto para você e aumente o tempo quando considerar certo.

Fadiga "Positiva"

Algumas pessoas, quando terminam o Primeiro Grau do Reiki, se sentem cansadas ou sonolentas durante dias e até semanas. Esse é um bom sinal de que você está começando a aprender como realmente se abrir e relaxar totalmente. Geralmente, o nível de estresse que carregamos não é notado conforme mudamos de situação na vida, e camadas de estresse acumulam-se gradualmente em nosso sistema, tanto física quanto mentalmente, até o ponto de não deixarmos tempo para sermos nós mesmos.

Podemos até construir e carregar o estresse conosco de uma vida para muitas outras vidas, porém, esse estresse acumulado age como uma barreira para a paz interior ou para o senso de espiritualidade eterna. Praticar Reiki, meditação, oração ou relaxamento profundo, são formas de liberar o estresse progressivamente, limpar o corpo e a mente e nos reapresentar a nós mesmos! Esse processo pode ocorrer muitas vezes durante anos de prática de Reiki, conforme limpamos e liberamos camadas profundas de estresse, que pode ter se acumulado há muito tempo.

Aprender a abrir e permitir que o estresse, geralmente na forma de pensamentos negativos, cresça e decaia, pode, eventualmente, ser enervante, já que muitas vezes sentimos que esses aspectos da nossa mente estão muito próximos de nosso próprio centro, natureza pessoal ou caráter. Esse processo pode, às vezes, fazer com que nos sintamos nus e inseguros. No entanto, com tempo e um pouco de experiência positiva, desenvolveremos a consciência e a vontade de buscar e aproveitar, conscientemente, essa busca por um caminho em direção a uma forma de vida mais completa e saudável.

O caminho do Reiki, como todos os caminhos de crescimento pessoal e espiritual, é uma prática para a vida toda. Não há soluções rápidas e haverá altos e baixos. Os sintomas de desintoxicação podem retornar de vez em quando à medida que encontramos obstáculos mentais e físicos mais enraizados. Sermos realistas com isso pode nos preparar para tais obstáculos e nos desencorajar quando parecermos presos! Grande parte do caminho é aprender a transformar ou encarar nossos obstáculos como oportunidades. É aqui que o Reiki pode nos ajudar muito. Em vez de evitar tais desafios, podemos aprender a transformá-los no caminho para a cura interior.

Como os Outros Reagem ao Reiki

Quando aprendemos o Reiki, outras pessoas podem reagir de forma diferente em relação a nós. Apesar da maioria das pessoas não conseguir vê-lo, ele assemelha-se a uma alta frequência de luz que nos circunda em tudo o que fazemos e nas situações em que nos encontramos. Ele também toca a vida dos que estão ao nosso redor. Em algum nível subconsciente, outros sabem que carregamos essa "*luz*" e geralmente desejarão se beneficiar dela.

Se alguém é estranhamente crítico ou antipático, apenas o aceite sem julgamento – novamente, isso vai passar. Também, se alguém demandar seu tempo excessivamente, tente alcançar um meio-termo ao permitir que as pessoas absorvam o Reiki de você, mas não a ponto de seu tempo tornar-se condicional, esperando algo em troca, por exemplo. Se você acha que isso pode acontecer, é melhor oferecer a alguém um tratamento de Reiki "formal" em troca de um valor em dinheiro apropriado, ou outra forma de troca justa. Uma troca justa é aquela que faz com que ambas as partes se sintam bem por doar.

Se você for desafiado a respeito do Reiki por seu parceiro, amigos, família ou outros, mantenha-se calmo e centrado ao dar explicações. Seja sincero quanto ao porquê de praticar Reiki. Se você falar com segurança – a sua segurança própria – então os outros aceitarão mais facilmente e apoiarão a sua decisão, mesmo se isso, inicialmente, parecer um pouco incomum. Permanecer centrado e falar a sua verdade é mais fácil se você se autoavalia e avalia o que faz e, ainda, trata os outros da mesma forma. Se sentir-se ameaçado por dúvidas ou ridicularizações, esta pode ser uma boa oportunidade de estreitamento dos laços e de compreensão do Reiki. Faça a si mesmo perguntas como: por que eu escolhi fazer o Reiki? O que o Reiki significa para mim?

Se você tem clareza e se sente certo de sua posição, então você pode ser sincero, sem medo de julgamentos ou rejeição.

Fazendo uma Troca de Reiki

Após algumas semanas do Primeiro Grau do Reiki, poderá haver uma oportunidade de encontrar o seu professor, o seu grupo do Primeiro Grau e outros praticantes em uma "*Troca de Reiki*". Este é um encontro muito especial que lhe dará a oportunidade de fazer perguntas e dividir suas experiências. Quando muitas pessoas do Reiki se juntam, o nível de energia é multiplicado pelo número de presentes, o que é uma boa oportunidade de dar e receber uma alta qualidade de energia de cura.

A primeira parte da noite é geralmente dedicada à meditação e a mandar o Reiki, como grupo, para situações do mundo, amigos e família. O restante do tempo é dedicado ao tratamento entre si, em grupos de aproximadamente quatro pessoas, de forma que três trabalharão sobre uma única pessoa durante, aproximadamente, quinze minutos. Essa pode ser uma experiência muito poderosa, então, antes de receber o Reiki, pense em como gostaria que essa energia servisse para você. Quais partes de sua vida necessitam do Reiki? Então, determine uma intenção mental clara e apropriada para direcionar essa energia a essas situações para o bem maior. Se o seu Mestre de Reiki não organiza uma *Troca*, a *Associação do Reiki*, ou *Aliança do Reiki*, pode lhe ajudar.

Você deve sentir-se à vontade para contatar o seu Mestre a qualquer momento se tiver qualquer pergunta, sem ter de esperar até a próxima *Troca*. Apesar do Reiki ser uma técnica muito fácil de aprender, é improvável que você tenha todas as suas perguntas respondidas durante o curso; então, reserve um tempo para revisar o que foi abordado, anote qualquer pergunta que surja e use-a para dar o seu próximo passo.

O Primeiro Grau do Reiki é, geralmente, a primeira introdução que muitas pessoas têm sobre as ideias da Nova Era, o processo e as técnicas de crescimento pessoal. É também uma boa forma de encontrar pessoas que são interessadas nesses assuntos. É importante não se sobrecarregar de uma só vez. Seja prático. Mantenha seus pés no chão, e a sua prática de Reiki simples e clara. Se toda a "coisa da Nova Era" for um pouco demais, então seja bem seletivo e, em seu tempo, separe o joio do trigo.

Avançando no Treinamento do Reiki

Mais treinamento não é essencial para receber o máximo do Reiki. Muitas pessoas se satisfazem com o benefício que recebem do Primeiro Grau do Reiki e não desejam continuar. Se usado de forma inteligente, o Primeiro Grau do Reiki lhe trará tudo o que precisa em termos de capacidade de cura e progresso espiritual para o resto de sua vida.

No entanto, se deseja aumentar o poder que a técnica disponibiliza para você e envolver-se mais conscientemente no processo de sua própria evolução, então, vale a pena considerar um treinamento mais avançado.

Treinamento de Reiki de Segundo Grau

O Segundo Grau do Reiki é geralmente ensinado em dois dias, por meio período, ou duas noites. Há duas harmonizações, similares às do Primeiro Grau, e três símbolos a aprender. Você é ensinado a criar e ativar os símbolos e como usá-los para aumentar as suas capacidades de cura e seu uso geral do Reiki. Os símbolos permitem direcionar o Reiki a propósitos específicos, aumentar a cura emocional e mental e enviar o Reiki em ausência, para qualquer um, em qualquer lugar do mundo. Você pode enviá-lo até para acontecimentos passados ou futuros!

Apesar de variar de acordo com cada aluno, a energia do Segundo Grau é geralmente quatro vezes mais forte que a do Primeiro. Todavia, um período de pelo menos dois a três meses é necessário entre os treinamentos de Primeiro e Segundo Graus, já que proporciona ao praticante tempo para ajustar-se mental e fisicamente ao Primeiro Grau, prepara-o para tirar o máximo das novas harmonizações e aumenta o nível de energia com o Segundo Grau.

O Aprendizado do Reiki Avançado

Esse é um grande passo a dar! Geralmente, os praticantes esperam pelo menos seis meses, após ter terminado o Segundo Grau, antes de considerar evoluir para Avançado. No entanto, se julgar que é a hora certa para você, e a oportunidade aparecer, não hesite! Com esse nível de energia, podemos atingir e experimentar resultados incríveis em nosso próprio processo de autodescoberta e na forma com a qual compreendemos as pessoas e o mundo ao nosso redor.

A qualidade da energia que carregamos com o Reiki Avançado é muito maior, mais poderosa, e, no entanto, mais sutil. Há mais duas harmonizações, o Símbolo do Mestre do Reiki é dado ao aluno e seu significado e usos são explicados em detalhe.

Tornando-se um Mestre do Reiki

Esse nível do Reiki é direcionado àqueles que desejam ensinar a prática aos outros, seja para alguns alunos por ano, ou para aulas regulares. Se você já possui o símbolo de Mestre do Grau Avançado, aprenderá a harmonizar os outros e ensinar os diversos níveis do Reiki a eles.

Ser um Mestre do Reiki é uma vocação especial, mesmo que você não precise ser uma pessoa muito especial para se tornar um Mestre de Reiki! Geralmente, os melhores professores de Reiki são aqueles que, genuinamente, querem ajudar, e se comprometem com os processos e desafios de uma vida próxima do coração do Reiki.

4

O Uso do Reiki

Quando você obteve o Primeiro Grau do Reiki, pôde optar em quando e como usar a energia. Aqui, você encontra quatro sugestões básicas que podem lhe ajudar.

1. *Intenção: a energia do Reiki segue o pensamento naturalmente.*
2. *O Reiki é infinito.*
3. *O Reiki sempre funciona para o bem maior.*
4. *Dedicação: os efeitos futuros das ações do Reiki.*

1. Intenção – A Energia do Reiki Segue o Pensamento Naturalmente

Como explicado anteriormente, nossos pensamentos e sensações fluem sobre nossas energias internas, de forma similar às frequências de luz ou a um vento interior muito sutil. De fato, às vezes, quando recebemos o Reiki, podemos sentir sua leve presença dentro e ao redor do corpo, quase como uma corrente de ar muito tranquila, que se move, geralmente, em forma circular ou espiral.

Sem a energia física produzida por bons alimentos, água limpa ou exercícios físicos, não poderíamos obter uma saúde boa. Da mesma forma, sem as condições certas e o cuidado com as nossas energias internas, não podemos obter boa saúde mental e emocional. Se não usarmos nossa mente de uma forma positiva e criativa, e nos circundarmos de influências negativas, como filmes violentos ou relacionamentos desgastantes, podemos esperar que nossas energias internas e nossa mente degeneremse, como um músculo que não é usado.

Nossa habilidade para direcionar pensamentos e ações depende da faculdade mental da intenção. Se desejamos fazer algo, mental ou fisicamente, começamos com uma ideia de sensação, que precisa de energia interna para surgir da mente sutil, ou inconsciente, para a nossa consciência de superfície. Só então as nossas energias internas poderão carregar e apoiar pensamentos e sensações subsequentes conforme eles apareçam, e nós desenvolveremos ideias que levam a uma decisão em direção à ação mental, verbal ou física. Essa decisão consciente é a nossa intenção. Geralmente, não nos damos conta desse processo, já que ele ocorre espontaneamente ao longo do dia. Podemos, por exemplo, sentir sede, e pensar em fazer uma xícara de chá, e, então, tomar a atitude de fazê-la!

O processo pode ser mais óbvio quando pensamos profundamente sobre um assunto, meditamos, doamos ou recebemos o Reiki, ou tentamos encontrar uma solução para um problema específico. Podemos comparar esse processo natural a dirigir um carro. As energias internas são como o carro que dirigimos, o qual somos capazes de direcionar através de julgamentos, decisões e ações para chegar aonde queremos.

Uma simples caminhada ao ar livre pode ajudar a clarear a mente – a influência da Energia de Força Vital fresca e um exercício leve de nossas energias internas e dos processos de pensamento são muito positivos. Mesmo para quem vive em uma área urbana, exercícios regulares, como caminhadas, natação, ioga ou *tai chi*, podem melhorar muito nossas capacidades de criar e canalizar energia pura.

Os Maiores Resultados com o Mínimo de Recursos

Para qualquer atividade que façamos, geralmente queremos alcançar o máximo, usando o mínimo de recursos. Nosso sucesso para isso depende da qualidade, da força de nossas intenções e da qualidade e do poder de nossa energia interna. O maior objetivo do Reiki é melhorar o poder e a qualidade de nossa energia interna ao nos "conectar" com a Energia de

Força Vital Universal. Em um nível subconsciente profundo, essa energia é parte de nossa própria natureza interior. Ela permeia todo o espaço e o tempo; é sempre espontaneamente nova, perfeita, e, ao mesmo tempo, antiga, atemporal e imutável. Ela também pretende nos ajudar e apoiar para nos tornarmos o que realmente somos, se é isso que queremos! A principal intenção dessa compaixão e sabedoria sem fronteiras é a expansão da felicidade, o preenchimento e conhecimento de todos os seres vivos.

Uma vez que se recebeu o poder do Reiki, nossos pensamentos, sensações e ações tornam-se poderosos e mais efetivos para realizar as nossas intenções. O Reiki nos trará, naturalmente, o que quisermos sem que precisemos nos esforçar e nos desgastar muito, desde que nossos desejos sejam sábios e verdadeiramente benéficos para nós e os outros.

É de responsabilidade individual dos praticantes do Reiki usar a energia sabiamente e aproveitar ao máximo o fato de "carregar" o Reiki consigo. Podemos usar essa técnica para nos responsabilizarmos pela nossa própria saúde e para melhorar os nossos pensamentos, sensações e ações. Mesmo que não consigamos vê-lo facilmente, qualquer coisa que pensemos, ou sentirmos, terá um efeito direto em tudo na criação. Porque a energia segue o pensamento e, mais cedo ou mais tarde, os efeitos de nossos pensamentos ou ações se tornarão a nossa realidade.

Quando nossos pensamentos e sensações são energizados com o Reiki, podemos, rapidamente, alcançar mudanças positivas em nossa vida. Tudo de que precisamos é um desejo, ou uma intenção sincera, consistente, estável e honesta para melhorar a qualidade de nossa vida. O Reiki fará o restante!

Geralmente, podemos usar desejos ou intenções claras e específicas para estabelecer como gostaríamos de usar o Reiki, ou podemos, simples e regularmente, pensar:

> *Eu gostaria de usar o Reiki em tudo o que faço, para melhorar a minha qualidade de vida e ajudar a minha família, meus amigos e todos os que eu encontrar.*

Dessa forma, todas as ações de nosso corpo, da fala e da mente serão abençoadas e permeadas de Reiki. Como o dr. Usui, nos tornaremos, gradualmente, uma verdadeira "casa de força"[1], uma fonte de energia positiva em um mundo que precisa muito de luz.

---

1 No original, *lighthouse*.

O Poder Comum do Reiki

Quando duas ou mais pessoas que praticam o Reiki juntam-se para discutir seu progresso, o nível de energia presente é mais que duplicado, similar ao efeito de uma Troca de Reiki. A conversa pode ser inspirada e tocada por grande sabedoria e ideias. Talvez, o poder de um grupo que divide uma intenção comum, para aumentar a sabedoria e compreensão, seja maior que o gerado por um único indivíduo.

Quando tal encontro acontece, espontaneamente ou de forma regular, todos os participantes sentem-se energizados e com um bom astral. Geralmente, obstáculos, ou questões com as quais vinham tentando lidar sozinhos, são resolvidos, ou mais clareza é adquirida para solucionar a questão. Esse processo de *insight* e cura, gerado pelo grupo de forma criativa, tem um bom efeito nas pessoas que circundam, mas estão fora do grupo. A energia positiva é mandada em ondas pelos participantes para toda a área, e além dela. Isso pode ajudar a reduzir o estresse da comunidade, e até o crime, criando, consequentemente, as condições para um ambiente de vida mais harmônico.

2. O Reiki é Infinito

O Reiki nunca se esgotará. Quanto mais o usarmos da forma certa, maior a nossa capacidade de canalizar a luz pura. Quanto mais soubermos das possibilidades que essa prática pode nos fornecer, mais poderemos alcançá-las e ela pode nos levar tão longe quanto quisermos em qualquer coisa que desejarmos fazer. O Reiki nunca nos colocará em uma situação da qual não aprenderemos nada como experiência de vida. Tudo de que precisamos é um pouco de coragem, motivação e uma mente feliz!

Não temos de limitar as nossas intenções; podemos ter quantas quisermos, ou apenas uma. Podemos estabelecer intenções para coisas menores, como encontrar um lugar para estacionar; ou para coisas mais importantes, como o crescimento pessoal e as questões de relacionamento. Em escala muito maior, podemos usar o Reiki para resolver conflitos ou desastres em âmbito local, nacional ou global. Quanto mais usarmos o Reiki, mais poderosas e efetivas serão as nossas ações, e mais sábias e habilidosas nossas intenções.

Podemos direcionar a energia conscientemente apenas ao criar uma intenção mental clara. Não temos de visualizar, meditar, ou desenvolver uma concentração muito profunda. Precisamos apenas de uma ideia nítida do que queremos atingir. Às vezes, precisamos de tempo para pensar e criar a intenção correta, e direcionar o Reiki a nós mesmos, com as nossas próprias mãos, por alguns minutos, pode ajudar, enquanto pensamos:

Como posso usar o Reiki nesta situação?
Qual poderia ser uma intenção correta e clara de Reiki para esta situação?

Essa é uma forma poderosa de estabelecer intenções específicas ou mandar o Reiki para uma situação, um problema ou pessoa em particular. Simplesmente coloque as mãos sobre o seu corpo durante um curto tempo, pense na pessoa, ou na situação, conforme você sente o Reiki fluindo para o seu corpo e mente; imagine que o Reiki envolve e penetra os pensamentos e questões com as quais você está preocupado; você não tem de criar imagens mentais muito claras, então não precisa concentrar-se muito, apenas relaxe, abra seu coração e sua mente. Permita que o Reiki trabalhe naturalmente e acredite que o que acontecer será para um bem maior; e realmente será!

Ideias para o Uso do Reiki

Aqui estão alguns exemplos de como podemos usar o Reiki, seja como técnica manual de cura ou por determinação de intenções:

- Cura (física, mental e emocional) de nós mesmos e dos outros;
- Crescimento espiritual e pessoal, desenvolvimento de compaixão, sabedoria, paciência e empatia;
- Cura de animais e plantas;
- Problemas de relacionamento em casa ou no trabalho;
- Envio do Reiki a situações do mundo, como conflitos políticos, desastres naturais, acidentes de trânsito, situações locais, como crime, desemprego ou pobreza;
- Combinação do Reiki com outras terapias, tais quais a aromaterapia ou reflexologia;
- Procura de uma nova carreira ou um emprego, uma nova casa, carro ou qualquer outra coisa de que precisarmos;
- Obtenção de bom tempo durante as férias ou em qualquer outra época;

- Obtenção de uma viagem segura e tranquila ao dirigir, ou para encontrar um lugar para estacionar;
- Encontro de uma solução para qualquer problema;
- Tratamento de si antes de situações estressantes, como exames, entrevistas, discursos etc.;
- Doação de Reiki à comida antes de comê-la, às roupas antes de vesti-las, a vitaminas e medicamentos para aumentar suas propriedades de doação de saúde (use também o Reiki para energizar e limpar cristais);
- Para ser mais criativo, para melhorar a sua saúde ou a capacidade de aprendizado ou qualquer outra qualidade mental ou emocional;
- Para encontrar novas formas de usar o Reiki, ou atrair pessoas que precisem dele;
- Para ter uma vida pacífica e compensadora;
- Para sempre ser abençoado, guiado e protegido;
- Para aprofundar a sua experiência do Reiki e o seu próprio nível de autoconhecimento;
- Para que a sua família, seus amigos e outros sejam felizes.

Precisamos de Fé?

Podemos usar o Reiki como desejarmos; os únicos limites vêm de nós mesmos, aqueles que criamos consciente ou subconscientemente. Não precisamos de fé para que funcione. Crianças, plantas e animais beneficiam-se do Reiki, assim como os adultos. Eles não têm sistemas de crença limitadores e não sabem exatamente o que é o Reiki.

No entanto, se acreditarmos firmemente que a prática não funcionará para nós – talvez porque, em certo sentido, não queremos que a situação melhore ou porque precisamos que aquela situação desenvolva nossas qualidade internas –, podemos criar uma barreira mental entre nós e os benefícios que o Reiki pode proporcionar. Uma mente aberta e um desejo de aprender, adaptar e transformar a nós mesmos, antes do mundo externo, ajudarão imensamente a nossa prática de Reiki.

3. O Reiki Sempre Funciona Para o Bem Maior

O Reiki nunca poderá ser usado para um propósito negativo, porque ele sempre funciona para o bem maior. A energia positiva só pode ser usada para propósitos positivos. Se as nossas intenções do Reiki forem motivadas por egoísmos negativos, elas simplesmente não serão atendidas.

Ao contrário, se as nossas intenções de Reiki são verdadeiramente motivadas por compaixão, nossos desejos serão facilmente realizados. É importante reconhecermos que nosso futuro será preenchido por ações do presente e do passado pois, dessa forma, o uso do Reiki com boa motivação irá assegurar um futuro positivo e nos ajudará a diminuir os hábitos negativos do passado.

Quebrando a Corrente

Já que a mente e a consciência são geralmente criadas pelo hábito, podemos nos tornar naturalmente positivos mantendo boas intenções, e não permitindo que nossos pensamentos, sentimentos, palavras e ações sejam motivados por hábitos egoístas e negativos. "Quebrar a corrente", no entanto, não significa que devamos suprimir emoções e pensamentos negativos. Se eles existem dentro de nós, devem ser relembrados regularmente e resolvidos de forma clara, aberta e criativa, sem que se lhes conceda muito espaço ou que os direcione para outra pessoa.

Se você estiver preocupado com suas questões, lembre-se de que qualquer coisa que você estiver experimentando – boa ou má – passará. Tente não complicar muito as coisas. Apenas buscar a paz mental e desenvolver uma preocupação pelos problemas de outras pessoas torna nossas dificuldades menos reais. Amor, compaixão, paciência, generosidade e sabedoria podem vir a ser nossos estados normais, independentemente de termos pensamentos negativos ou de quão difícil a nossa vida está. Pode levar tempo para mudarmos nossos hábitos mentais, mas, se nosso desejo for forte e contínuo, podemos usar o Reiki para atingir grandes resultados, geralmente mais rapidamente do que imaginávamos.

Para o Bem Maior

Normalmente, é mais fácil que o Reiki nos ajude se nossos desejos beneficiarem outras pessoas além de nós; ele será mais efetivo se identificarmos as intenções que serão para o bem maior de todos. Se o Reiki não estiver funcionando para nós, teremos de ser honestos e avaliar nossas motivações. Será verdadeiramente benéfico para todos, ou haverá aí um elemento, mesmo que sutil, de egoísmo? A melhor forma de aprendê-lo é por meio da prática, experiência, e discutindo nossos *insights* e problemas com os outros em um ambiente aberto e amigável. O Reiki nos dá poder de conseguir grandes coisas, mas temos de desenvolver a capacidade de saber o que são as grandes coisas e como alcançá-las de forma que seja benéfica para todos.

Já que o propósito maior do Reiki é "o bem maior", se não estamos seguros de qual intenção estabelecer para determinada situação, podemos apenas pensar:

Que o Reiki funcione para o bem maior nesta situação.

As melhores intenções específicas do Reiki são simples, claras, e vêm diretamente do coração; já que trata-se de uma expressão do amor perfeito, ele nos permite ser livres para cometer erros e aprender com a experiência. Quanto mais usarmos o Reiki com uma boa motivação, maior será a nossa habilidade de manifestar as nossas intenções rápida e facilmente.

Para que as nossas intenções específicas sejam para o nosso bem maior, devemos desenvolver sabedoria, o que é diferente de inteligência. Já que todos os seres vivos desejam evitar o sofrimento e experimentar apenas felicidade, sabedoria é simplesmente a habilidade de entender quais ações mentais, verbais e físicas trarão felicidade duradoura. Para alcançá-la, devemos saber que felicidade é um estado mental. Apesar de parecer vir de um bom emprego, casa, relacionamento ou ambiente, se pensarmos com cuidado, perceberemos que felicidade, contentamento e preenchimento vêm de dentro e não dependem de objetos externos, situações específicas, ou outras pessoas. Se pudermos usar o Reiki para desenvolver, firmemente, esses estados mentais em vez de tentar manipular o mundo ao nosso redor, nossa sabedoria aumentará, nossas vidas serão mais pacíficas, e iremos, naturalmente, beneficiar os outros em tudo o que fizermos.

Felicidade Interior

Desenvolver felicidade interior não significa que devamos abandonar o mundo exterior, mas sim vê-lo da forma que ele realmente é: não permanente, transitório e eternamente mutável. Podemos combater a turbulência da vida ao, simplesmente, gerar mentes que tenham paz e compaixão, amor, paciência, generosidade, alegria e compreensão. Se pudermos fazer desses estados mentais nossos melhores amigos, eles nunca nos abandonarão; sempre estaremos preparados para os desafios da vida e ainda capazes de apreciar a boa sorte e tudo o que essa vida tem a nos oferecer, sem depender disso para a nossa felicidade.

Se temos um determinado problema e pensamos em como usar o Reiki para o bem maior, e se formos sérios a respeito de procurar a felicidade interna, para ganhar clareza, pode ser útil fazermos, a nós mesmos, três perguntas:

Eu quero que as coisas mudem? (reativo)
Eu quero mudar as coisas? (proativo)
Eu quero mudar? (ativo "internamente"!)

Geralmente, é melhor mudarmos a nós do que mudar uma situação ou esperar que alguém a mude. Para encontrar a felicidade, a maior parte das pessoas tenta mudar muitas coisas diferentes na sua vida: a aparência, o trabalho, o companheiro, a quantidade de bens que possui etc. Mas essas mudanças externas trazem apenas uma felicidade temporária, e logo procuramos outras coisas para aliviar nosso descontentamento. No longo prazo, talvez de muitas vidas, essas ações desastradas, na verdade, trazem menos felicidade ainda.

A felicidade depende da mente. Mesmo que mudemos nosso mundo físico, nunca estaremos satisfeitos; sempre haverá algo mais que iremos querer, ou desejaremos mudar. A maioria de nós faz o jogo do "serei feliz quando...": "serei feliz quando encontrar o parceiro/a certo/a", "serei feliz quando encontrar o emprego certo", "serei feliz quando a minha saúde melhorar" etc.

Podemos ser felizes já – qualquer que seja a circunstância – apenas sendo felizes!

Treinando a Felicidade

Cada um de nós tem exatamente o que precisa para ser feliz. Nós temos os problemas certos e as situações difíceis das quais precisamos para treinar a felicidade. Por exemplo, se vivemos ou trabalhamos com alguém que julgamos irritante, podemos usar essa oportunidade para mudar e desenvolver as qualidades internas de paciência, compreensão e talvez até de amizade. Procurar um emprego novo ou esperar que a outra pessoa saia, não são respostas, apenas fugas ou a ignorância de nossos defeitos que levamos conosco a todos os lugares, até para nossa próxima vida!

Nossas dificuldades externas são o reflexo de nossas fraquezas internas. Se nos deixamos irritar facilmente por problemas superficiais, devemos desenvolver tolerância e paciência. Se parece que nunca conseguimos obter o que queremos, temos de desenvolver o contentamento com o que temos. Se julgamos a vida ameaçadora, devemos desenvolver confiança, força interior e o desejo de proteger aos outros, mesmo que não seja necessariamente de modo físico. Quanto mais tentamos controlar e manipular o ambiente para compensar ou ignorar nossas fraquezas, mais atraímos o que queremos evitar.

A maioria de nós é ensinada, desde cedo, a evitar nosso mundo interior e obter felicidade do mundo externo. A sociedade é como um parque de diversões, cheia de atrações superficiais que nos distraem e dificultam que encontremos tempo, paz, ou espaço para desenvolvermos um relacionamento real conosco. Toda a nossa vida pode, facilmente, ser preenchida pelo nascimento, infância, formação, carreira, relacionamentos, família, aposentadoria, velhice e morte; sem, ao menos, termos a chance de *conhecer* quem realmente somos. Geralmente, doenças ou outros eventos sérios, até quase mortais, são o que nos fazem acordar e perceber o que realmente é importante e valioso.

Muitas pessoas passam a vida toda fugindo de si, sempre distraídas e habitualmente transferindo a atenção de uma coisa para a outra, procurando encontrar a felicidade em um lugar, depois em outro. Isso é viver pela metade, e não é porque muitas pessoas fazem o mesmo que isso torna-se correto. Devemos ser maduros o suficiente para olhar ao nosso redor, investigar e questionar a respeito da natureza de nossa própria realidade e sobre como podemos melhorar nossa experiência dela de uma forma duradoura. Devemos ter o *insight* e coragem para aprender com nossa própria experiência e com a dos que viajaram pelo mesmo caminho antes de nós. E precisamos da compreensão e compaixão para reconhecer o sofrimento dos outros e agir para aliviá-lo quando possível.

Distanciamento da "Raça" Humana

Se pararmos o jogo e descermos do carrossel, podemos ver a "raça humana" mordendo o próprio rabo, e percebê-la da forma que ela realmente é: o desperdício de uma ótima oportunidade. Uma vida humana é um presente raro, frágil e precioso. Ao usarmos nosso tempo para treinar e aprofundar a nossa sabedoria e felicidade, a vida nos provê uma oportunidade de transformar o vái e vem infinito de problemas maiores ou menores.

Muitos de nossos problemas podem ser resolvidos ao conhecermos nossa própria mente; podemos tirar vantagens daqueles que não conseguimos resolver facilmente. Ao aprender como nos erguer e mudar em situações difíceis, podemos, realmente, começar a capitalizar essas oportunidades e usar essas situações para reforçar nossas boas qualidades e desenvolver felicidade interior. Ao fazer isso, podemos transformar as atividades de nosso dia a dia no caminho para uma felicidade duradoura. Ao mudar de ideia, situações externas também mudam automaticamente! Temos de agarrar essa oportunidade para mudar de direção, dar meia-volta e ver o mundo de forma diferente; e para tal temos de pensar:

A felicidade não está lá fora, mas aqui dentro de nós.

O Reiki é uma chave que pode ajudar a destrancar a porta para a alegria interior contínua; o tesouro que todos procuramos, mas no lugar errado!

Andando no Meio do Caminho

Se você quiser usar o Reiki para trilhar o caminho da transformação pessoal, lembre-se de que esse é um *meio do caminho*. Sabemos que mudar hábitos que foram construídos ao longo de anos pode levar tempo, então, seja tolerante consigo. Não espere muita coisa tão cedo. Mantenha uma mente alegre, pacífica, relaxada, e uma motivação positiva, e tudo será possível. Se usarmos o Reiki dessa forma, tudo o que precisamos virá até nós, e o nosso caminho para a felicidade total será rápido, leve e bem-sucedido.

4. Dedicação – Os Efeitos Futuros das Ações do Reiki

Tudo o que fazemos, pensamos e dizemos, todas as ações do corpo, fala e mente, criam, no futuro, um correspondente mental para uma reação física, verbal e mental. Isso também cria o hábito potencial de repetirmos tais ações futuramente e um desejo ou compulsão crescentes de continuar a ter ações negativas similares. Se agirmos de forma negativa, devemos esperar reações negativas mais cedo ou mais tarde. Também, se temos uma visão negativa da vida, é mais provável que criemos as condições para atrair problemas e circunstâncias mais difíceis.

Igualmente, em troca da energia positiva que criamos, ao desenvolver paciência, bondade e doar o Reiki, por exemplo, uma experiência positiva retornará a nós de uma forma ou de outra. Se nós dedicarmos, conscientemente, essa energia positiva para um propósito específico, essa pode ser uma forma poderosa de manifestar nossas intenções, alcançar nossos objetivos e acelerar nosso crescimento espiritual e pessoal. Quando criamos energia positiva, ao ajudar os outros de qualquer forma, ou ao conscientemente desenvolvermos estados mentais positivos, podemos dedicar tal energia.

Escolher uma direção para essa dedicação é equivalente a criar uma intenção do Reiki. Se você escolhe um propósito que beneficiará muita gente, esse desejo será realizado mais facilmente que um propósito egoísta. Para dedicar, após qualquer ação positiva, simplesmente pense:

Que essa energia positiva seja totalmente dedicada para o maior bem de todos.

ou,

Que todos os seres vivos se beneficiem dessa energia positiva.

Talvez, os objetivos maiores que possamos desejar sejam:

Que através da força dessa energia positiva cada ser vivo possa ser libertado do sofrimento e que todos nós encontremos a felicidade verdadeira rapida e facilmente

ou,

Que, através desta energia positiva, a minha sabedoria e compaixão cresçam continuamente.

Dedicar energia positiva criada por nossas ações leva pouco tempo, mas esse gesto simples é uma prática muito especial. Podemos facilmente gastar ou destruir o potencial de ações positivas anteriores ao desenvolver estados mentais negativos, como raiva, culpa ou ciúme.

A dedicação *sincera* é como fazer uma "poupança" ou como proteger o potencial de nossas ações positivas para o benefício futuro de nós e dos outros. Dessa forma, o potencial para os nossos bons pensamentos, palavras e feitos só crescerá e produzirá excelentes resultados para todos no futuro.

5

Autotratamento

Só podemos fazer uma cura efetiva nos outros se pudermos curar a nós mesmos. Como parte desse processo, é preciso nos doarmos um pouco todos os dias, durante os trinta dias seguintes ao treinamento de Primeiro Grau. Ao fazer isso, nos ajustamos física e mentalmente para a nova energia que carregamos e também nos tornamos um canal mais livre para o Reiki.

Você se lembrará de que os primeiros dois tratamentos do dr. Usui foram feitos nele mesmo: quando topou o dedão correndo na montanha, e quando foi capaz de comer uma refeição grande após um longo jejum, sem sentir-se mal. Esses autotratamentos são muito simbólicos e devem nos ensinar a não ter pressa em "curar o mundo" mas sim em nutrir-nos e desenvolver-nos apropriadamente, se quisermos tratar dos outros adequadamente.

O Caminho do Reiki

Algumas pessoas se sentirão capazes de oferecer tratamentos de Reiki imediatamente após as harmonizações do Primeiro Grau. O Reiki vem de uma fonte ilimitada e não esgota, mas, geralmente, aumenta os nossos próprios níveis de energia. O processo de se tornar um canal de Reiki puro é contínuo e pode envolver períodos de limpeza interior que demandam descanso e autotratamento. Cada praticante do Reiki tem que saber avaliar as suas necessidades e saber dizer quando é hora de receber em vez de dar o tratamento. Receber pode ser um ato de doação se nossa motivação beneficiar aos outros. Se a nossa motivação real for boa, e temos que ser bem claros e sinceros quanto a isso, nossas ações naturalmente beneficiarão a outros, mesmos se elas, às vezes, parecerem egoístas.

Quando oferecemos o Reiki a outros, nós também, geralmente, recebemos o quanto precisamos. Se nos sentirmos prontos para tratar os outros rotineiramente, após um tempo apropriado de autotratamento, então isso pode, realmente, acelerar, melhorar e aprofundar o nosso próprio crescimento e desenvolvimento. Quanto mais continuamos essa prática, aliada ao autotratamento e a receber tratamento de outros, maior será a nossa compreensão e experiência do caminho do Reiki. Esse processo também pode ser enriquecido e apoiado por trocas de Reiki regulares com outros praticantes, talvez uma vez ao mês, ou mais frequentemente, de acordo com as suas necessidades.

Intenção e Dedicação

A qualidade da nossa intenção afeta diretamente os resultados das nossas ações. Se dermos o Reiki a nós mesmos com a intenção de que isso beneficie a outros, então isso criará uma energia positiva muito maior do que se apenas desejarmos o nosso próprio benefício. Se essa grande energia for sinceramente dedicada, cedo ou tarde ela retornará a nós como uma experiência muito positiva e trará ótimos resultados para todos. Para obter o máximo de um autotratamento, devemos estabelecer uma intenção positiva antes de começarmos, e dedicá-la quando terminarmos.

Para estabelecer a nossa intenção, nós simplesmente pensamos – no começo do tratamento – nas áreas da nossa vida que queremos curar, mudar ou ganhar clareza, ou, novamente, podemos estabelecer intenções específicas. Nossas intenções podem ser tão boas e abrangentes quanto desejarmos. Podemos, inclusive, trazer à mente pessoas específicas que desejamos curar; como exemplo:

> *Que este tratamento beneficie os meus filhos, os meus pais, meu companheiro, o resto da minha família, amigos, vizinhos (você*

pode mencionar seus nomes), todos nesta cidade, país, continente, planeta e todos os seres vivos, para o bem maior de todos.

Não há necessidade de reafirmar a nossa intenção repetidas vezes, assim que as tivermos estabelecido, já que isso não vai aumentar o poder do Reiki e pode fazer com que não consigamos relaxar totalmente e obter o que precisamos. No entanto, às vezes, pode parecer correto meditar mais profundamente sobre as nossas intenções durante o tratamento. Mais uma vez, a sabedoria a respeito do momento certo de fazer isso virá com a experiência. Quando tiver esse desejo, é aconselhável sentar em postura de meditação enquanto se trata (veja o Capítulo 9 para técnicas de meditação básicas). Quando o tratamento terminar, dedicamo-nos a pensar em um objetivo específico ou propósito geral para o qual direcionamos a energia positiva que criamos com o uso do Reiki. Novamente, as melhores intenções e dedicações são simples, sinceras e vêm diretamente do coração. Lembre-se:

Intenção
Ação do Reiki/Tratamento
Dedicação

Quebra de Padrões Negativos do Pensamento

Ao nos tratarmos com regularidade, nossa saúde e qualidades naturais também melhoram. Tornamo-nos mais pacíficos e tendemos a reagir menos negativamente a situações difíceis. Essa paz também traz uma confiança interior, força, e uma consciência maior dos nossos talentos e habilidades naturais. Também nos tornamos mais sábios mental e emocionalmente e capazes de reconhecer os padrões negativos do nosso pensamento, e nosso poder de transformá-los aumenta, permitindo que sejamos menos escravizados por nossos hábitos ruins!

Resumindo, nossa saúde mental aumenta e, conforme achamos a coragem para mudar a nós mesmos e às nossas vidas, começamos a nos sentir bem em relação a quem somos, onde estamos, e o que fazemos. O autotratamento regular também pode funcionar como medida de saúde preventiva. É muito difundido que níveis de estresse reduzido e um sentimento de bem-estar podem ter um efeito positivos na nossa saúde mental e física.

As Doze Posições Básicas

Um autotratamento completo dura sessenta minutos. Há doze posições básicas: colocamos nossas mãos por cinco minutos em cada posição (veja as figuras a partir da página 80). As posições básicas correspondem aos chakras, ou centros de energia principais do corpo humano. Apesar da energia fluir para as áreas do corpo e da mente que estiverem mais vulneráveis, cada posição de mão tem um efeito próprio. Se você ou alguém que estiver tratando tiverem questões específicas, é aconselhável saber quais posições devem ter mais atenção (veja o Capítulo 8).

Caso permaneça em uma posição por mais de cinco minutos, você deve ficar por cinco minutos inteiros nas outras posições, se tiver tempo. Além disso, não tenha medo de experimentar posições novas que pareçam boas e produzam bons resultados. Após praticar o Reiki por um certo tempo, tente inverter a ordem das doze posições para que trabalhe o corpo em direção ao alto, pois isso ajuda a liberar blocos de energia. Além disso, tente apenas fazer as posições que precisam do Reiki, porque isso nos ajuda a desenvolver uma sabedoria intuitiva e uma consciência energética. O aumento dessas habilidades, gradualmente, leva a uma consciência e compreensão mais sutis da mente, a chave para todos os nossos problemas em potencial.

A Hora e o Lugar Certos

Antes de começar um autotratamento, crie a atmosfera correta. Permita-se um tempo ininterrupto e apropriado, talvez de manhã ou de noite, preferivelmente no mesmo horário, todos os dias. Algumas pessoas sentem-se energizadas pelo Reiki enquanto outras ficam relaxadas e prontas para dormir, portanto é importante encontrar um horário apropriado para a sua rotina. Essa reação pode ser controlada, de certa forma, ao colocar uma intenção correta, mas é melhor trabalhar a favor das suas energias, em vez de ir contra suas inclinações naturais.

Encontre um ambiente silencioso. Tente evitar distrações potenciais, desligando o telefone ou deixando uma secretaria eletrônica receber suas chamadas, e pedindo a outros que não perturbem o seu tratamento. Esse é o seu momento, e é importante valorizar a si a ponto de não permitir distrações. Tenha um cobertor pronto se você achar que pode sentir frio. Ligue uma música relaxante se desejar. Você pode colocar um travesseiro sob seus joelhos e sua cabeça, o que pode auxiliar a retirar a pressão da coluna. Um relógio fácil de ver é aconselhável, já que é fácil esquecer da hora, ou dormir. Se você dormir antes de terminar, isso geralmente significa que você precisava de mais Reiki na última posição na qual ficou. Apenas continue de onde parou e complete o tratamento, se tiver tempo.

Durante o Tratamento

Mantenha seus dedos e dedões juntos, mas sem apertá-los. Isso concentra o tratamento em uma área e permite um fluxo suave de energia. Essa forma de esticar os dedos sutilmente, especialmente o dedo do meio, estimula os chakras das palmas. Podemos também estimulá-los massageando as palmas das mãos em movimentos circulares ou desenhando uma espiral anti-horário, no ar, sobre elas. Nossos chakras das palmas são bastante sensíveis à energia, então, se você apontar os dedos de uma mão em direção à palma da outra mão sem tocá-la e movê-los em forma circular ou espiral, você talvez sinta uma sensação de formigamento ou movimento na palma. Uma vez recebidos os "apoderamentos" do Reiki, você torna-se mais sensível à energia e sua Energia de Força Vital aumenta.

Ao dar-se o Reiki, tente colocar-se nas posições da forma mais confortável possível usando travesseiros, colchões e um cobertor se necessário. Tente não quebrar o contato com o seu corpo quando mudar as posições das mãos, já que isso restringe o fluxo livre da energia e interrompe o processo de relaxamento profundo. Podemos nos tratar deitados ou sentados – qualquer opção que permita realizar todas as posições, confortavelmente e enquanto permanece relaxado. Se os músculos de seu braço forem fracos ou caso haja uma lesão nos ombros ou pescoço, é possível fazer as primeiras duas posições deitando-se de lado, com um travesseiro entre seus cotovelos para apoiar os braços. Role e troque de lado entre a primeira e a segunda posição para permitir que a energia se equilibre e flua livremente pelo seu corpo e aura. Algumas posições das costas podem ser difíceis de alcançar; portanto, você pode colocar suas mãos o mais próximo da posição correta possível, ou passar mais tempo na posição correspondente, de frente. Ou, ainda, repita as posições frontais e estabeleça uma intenção mental clara para que essa energia flua para as suas costas. Novamente, essa instrução pode ser útil para pessoas com problemas de pescoço, ombros e costas.

O autotratamento pode ser combinado com outras técnicas de autoajuda como afirmações, visualizações, aromaterapia, ou Florais de Bach.

Experimente e aproveite a oportunidade de achar a combinação perfeita para você. A combinação do Reiki com os cristais pode ser poderosa, mas cuidado: assegure-se de utilizar os cristais corretos, nos lugares certos, para os propósitos corretos, lendo um livro apropriado. No entanto, não deixe isso encobrir a sua intuição; se você achar certo usar um cristal de determinada forma, faça-o. Lembre-se que o Reiki é um sistema de cura completo para o corpo e a mente; sempre tentar algo novo pode ser um desvio ao nosso encontro com as nossas questões reais. Se você usar o Reiki, regularmente, com um desejo honesto de "seguir adiante", você receberá tudo o que precisa, e mais, em termos de cura e crescimento pessoal. No entanto, se você estiver procurando algo a mais, talvez o melhor complemento ao Reiki seja a prática de uma forma reconhecida de meditação ou oração. A meditação pode aumentar e aprofundar o nosso uso da técnica em questão, assim como nos ajudar a trazer benefícios especiais!

Cuidados Após o Tratamento e Autotratamento Continuado

Quando o seu autotratamento terminar e você estiver dedicado, levante-se devagar e tome um tempo para se "reencontrar-se". Isso permite que as suas energias se equilibrem e que sua mente fique clara para voltar às atividades do dia a dia. Correr com pressa, após um relaxamento profundo podem deixá-lo vulnerável, com tontura e até irritável. Todos são diferentes e algumas pessoas podem levar mais tempo para estabilizar-se após um tratamento. Se você se sentir particularmente sensível, vulnerável ou com tontura após um tratamento, apenas sente por um momento e estabeleça uma intenção tal qual:

Balanceado, centrado, concentrado, e totalmente protegido.

Esta também é uma boa intenção que pode ser usada a qualquer momento, especialmente se você estiver se preparando para uma situação na qual você pode ser desafiado por outros. Dar Reiki aos seus pés e à sua testa podem reduzir a sensação de tontura. É uma boa prática, também, lavar as mãos após um tratamento; e um banho é ótimo se você tiver tempo.

Depois dos primeiros trinta dias, não precisamos fazer um tratamento completo diariamente, apesar de muitas pessoas continuarem essa prática, já que notam uma diferença, se reduzem o tempo que passam com o Reiki. Se em alguns dias você não tem muito tempo, mesmo um pouco de Reiki é melhor do que nada. Caso você possa disponibilizar um tempo diário para o Reiki, talvez vinte ou trinta minutos, se você estiver ocupado, dê a si um tratamento completo duas ou três vezes por semana; assim os efeitos positivos serão contínuos e duradouros. Se você tem pouco tempo para um tratamento geral, escolha três posições: talvez a parte posterior da sua cabeça, seu coração e os quadris, e faça cinco minutos em cada posição. Determine uma intenção para receber o que você precisa, do modo que precisa, durante esse tempo, sempre para o seu bem maior. Ao usar esse tipo de intenção simples, podemos alcançar, surpreendentemente, bons resultados em pouco tempo.

Às vezes, pensamos que devemos nos dar muito Reiki, talvez por várias horas durante o dia. Isso é positivo por períodos curtos de tempo, durante alguns dias, ou até algumas semanas. Isso pode ser especialmente útil para lidar com eventos traumáticos, como o fim de um relacionamento próximo, falecimentos, doenças graves etc. No entanto, esse tipo de tratamento por longos períodos pode ser uma forma subconsciente de diluição dos efeitos do Reiki e de usá-lo como muleta, ou forma de evitar a vida, em vez de como instrumento poderoso de cura e crescimento pessoal para a responsabilidade e maturidade. Essa é uma das razões pelas quais o tratamento de uma hora, das duas posições, é tão efetivo. Para praticantes do Primeiro Grau, e para muitos praticantes avançados, essa é a forma mais efetiva, eficiente e poderosamente transformadora de usar a técnica em questão.

Reiki em Qualquer Lugar, a Qualquer Hora

Você pode se dar o Reiki praticamente em qualquer lugar, se você tiver cinco ou dez minutos livres. Isso é especialmente útil em momentos de estresse, como engarrafamentos, antes de uma entrevista, depois de uma discussão, e depois ou antes de qualquer situação difícil. É provavelmente mais sábio, se você puder dar-se o tratamento antes das situações estressantes e determinar uma intenção para que a situação e todas as pessoas envolvidas recebam o Reiki para o bem maior. Isso vai, realmente, fazer a diferença e garantir um resultado mais pacífico, equilibrado e justo para todos. Lembre-se: o que você deve fazer é colocar suas mãos sobre qualquer parte de seu corpo e pensar claramente em como quer usar o Reiki. Se você estiver em um espaço público e acha que as pessoas podem achar estranho, coloque suas mãos sobre suas pernas, já que essa é a posição menos óbvia, caso você esteja sentado.

Use o Reiki o máximo que puder para aprender a integrá-lo à sua rotina, não restrinja a sua prática a tratamentos formais. Encontrar tempo para o Reiki não é problema, apenas é preciso pensar; por exemplo, dê o Reiki a si enquanto:

- Assiste à televisão;
- Está sentado em um parque ou em uma igreja;
- Faz a pausa do café ou almoço, no trabalho;
- Viaja de ônibus, trem, ou em um carro, preso no engarrafamento;
- Lê, estuda ou memoriza;
- Caminha para qualquer lugar, de pé em fila.

Aprenda a energizar a sua vida, conscientemente, com o Reiki a qualquer hora; ele está aí para lhe ajudar a atingir o seu potencial máximo, simples e facilmente. Quanto mais você puder relaxar, abrir-se e confiar no Reiki, mais eficiente ele pode ser para você. Não restrinja a sua pratica ao auto-tratamento formal. Aonde quer que esteja, seja o que for que estiver fazendo, estabeleça uma intenção e o Reiki estará com você.

Quando você tiver algum problema físico, o mais leve que seja, apenas coloque suas mãos sobre aquela parte do corpo por alguns minutos. Por exemplo, ponha suas mãos sobre a cabeça para dor de cabeça ou no estômago para dor de estômago! Se você se sente estressado, nervoso ou confuso, tente encontrar onde essa sensação está localizada no seu corpo, tal como seu estômago, coração, ou cabeça e, então, coloque suas mãos ali, durante alguns minutos, para aliviar o problema. Nunca faça o Reiki na banheira ou piscina; você pode dormir nesse caso. Se você pretende dirigir após um tratamento, assegure-se que você está alerta.

O Efeito do Reiki Sobre a Mente

Os benefícios do autotratamento regular fluem para todas as áreas de nossas vidas. Podemos trazer a paz que sentimos durante o tratamento para a nossa vida cotidiana de forma definitiva. Isso é possível, e ocorrerá com a prática. Já que as nossas tendências com relação a ações positivas e negativas mudam, gradualmente, com os nossos hábitos de pensar e sentir, se formos capazes, a cada dia, de nos familiarizar com a paz profunda e a felicidade, independentemente do quão negativos tenhamos sido no passado, não poderemos evitar de ficar mais contentes e preenchidos. Quanto mais capazes formos de viver dessa forma, mais fácil será a liberação dos pesos de traumas emocionais e físicos do passado e de doenças. A cada dia podemos ficar mais presentes, completos e íntegros.

O Reiki acalma a mente, permitindo que, naturalmente, transcendamos nossa superfície ou consciência superficial e toquemos o nosso ser mais profundo. Nós apenas atingimos esse nível de consciência, normalmente, durante o sono profundo; a maior parte das pessoas não deve se lembrar, pois estamos inconscientes enquanto experimentamos isso. A sensação de paz profunda e clareza que, às vezes, experimentamos conscientemente durante o autotratamento acontece porque acessamos níveis mentais mais profundos. Isso ocorre por causa da relação estreita entre nossas energias internas e nossa mente, como explicado no Capítulo 1.

Assim como nossas energias internas tornam-se mais puras e mais sutis através do autotratamento, o mesmo acontece com a nossa mente. Conforme a qualidade das energias internas aumenta, ou é refinada pelo tratamento regular com o Reiki, isso, por sua vez, dá lugar à experiência da transcendência ou movimento em direção à nossa natureza interior. Há um efeito positivo na nossa saúde física porque os níveis subsequentes de estresse físico e mental fazem com que as nossas habilidades regenerativas recuperem seu poder natural.

Pegadas na Areia

Do budismo, sabemos que qualquer doença, antes de manifestar-se física ou conscientemente, emerge dos níveis mais profundos e sutis de nossa mente – o subconsciente, para muitas pessoas. Em última instância, podemos apenas eliminar as verdadeiras causas da doença ao saber experimentar e purificar a nossa mente mais sutil de sementes potenciais das doenças criadas pelas nossas próprias ações negativas, do corpo ou da mente, em vidas passadas.

O Reiki pode ajudar a remover tais sementes; no entanto, as impressões mentais dessas ações passadas permanecem na mente – como pegadas na areia – e criam uma tendência mental a seguir o mesmo caminho novamente, ou cometer atos similarmente negativos no futuro. Essas sementes precisam ser removidas se quisermos prevenir-nos totalmente contra doenças ou outras experiências negativas, nesta ou nas vidas futuras. Podemos conseguir isso purificando a nossa mente sutil e desenvolvendo nossas consciências, e, principalmente, a nossa sabedoria, através de técnicas de meditação avançadas.

O Reiki pode melhorar muito a nossa saúde e nos proteger contra doenças futuras, previnindo as causas potenciais de doenças que surgem das profundezas da nossa mente. A doença só pode surgir de dentro da mente se outras condições estiverem presentes; por exemplo, uma semente não pode crescer e desenvolver uma árvore sem água, terra, luz e ar. Da mesma forma, uma doença potencial pode ser prevenida reduzindo-se o estresse, melhorando a dieta alimentar, evitando ambientes depressivos, e, mais importante, prevenindo-se estados mentais negativos e energias internas de qualidade pobre. A presença do Reiki é uma proteção contra mentes negativas e energia interna impura. Então, o Reiki funciona de duas formas: cura os problemas existentes e previne os futuros.

O Espaço do Meio

Podemos comparar a mente com um copo de água com gás. O movimento constante das bolhas flutuando na superfície é como os nossos pensamentos e sentimentos. Parece que nós somos esses pensamentos e emoções que surgem de dentro, como se elas formassem a nossa identidade e caráter, ou como se fossem o "verdadeiro eu". A nossa natureza verdadeira é mais como a própria água do que as bolhas que dela emergem; nossa essência, na realidade, é mais próxima do *espaço* entre nossos pensamentos e sentimentos, ou simplesmente a ausência do *Eu*.

Através da prática do Reiki, todos os nossos pensamentos que continuamente distraem, recuam, e assim somos trazidos para perto da verdadeira natureza da mente. Além dessa sensação de paz profunda, podemos, eventualmente, experimentar a nossa verdadeira natureza ou consciência infinita, clara e leve. Há uma sensação de alívio real quando tocamos nessas experiências, como se tivéssemos retornando de uma longa jornada – uma sensação de retorno ao lar. É possível trazer essa completude e clareza profundas e pacíficas para o resto das nossas atividades diárias para enriquecer todas as áreas de nossas vidas. De fato, ao experimentar a verdadeira natureza da mente, podemos resolver todos os nossos problemas! O Reiki pode nos levar por esse caminho até um nível muito avançado de consciência. Se quisermos resolver todos os nossos problemas atuais e futuros e ajudar os outros da forma mais adequada, ao seguir o caminho da iluminação total, podemos usar o Reiki para nos ajudar a estudar e praticar, guiados por um Mestre de meditação.

Após praticar o Reiki por um tempo, logo depois, ou durante as harmonizações, você pode sentir a presença do Reiki dentro ou em torno de você. Essa é uma experiência muito agradável. Alguém a descreveu como a "sensação de que Deus está lhe envolvendo com os braços". Às vezes, pode parecer uma "chuva" sutil, um zumbido ou um campo energético vibrando ao seu redor. Devemos encorajar essas experiências através de oração, meditação ou autotratamento frequente. Eles são um sinal real de que estamos recebendo a cura e nos tornando energeticamente mais conscientes, e, seguramente, nos movendo para o sentido certo.

No entanto, se você não passar por essas experiências regularmente, não se preocupe: desenvolver um pouco mais de compaixão e o desejo de ajudar os outros é, na verdade, mais válido. Claro que somos todos diferentes e experimentamos o Reiki de formas diferenciadas, de acordo com o que precisamos. Embora, ao nos tornarmos mais desenvolvidos energeticamente, possamos trazer o Reiki à consciência mais fácil e rapidamente (quando necessário), o mais importante é que mantenhamos o nosso ritmo e aproveitemos a prática da nossa maneira. O melhor jeito de julgar o seu progresso é simples: dedique um pouco de tempo, com frequência, para revisar a sua vida e lembre-se quem você era e onde estava há alguns meses. Tente lembrar de como você se sentia e como observava o mundo ao seu redor. Caso sinta-se mais realizado, em paz e preenchido, você está seguindo adiante! Se você desenvolveu um pouco menos de autoconsciência e um pouco mais de consciência "alheia", você realmente está progredindo!

Podemos, às vezes, experimentar o Sono Reiki durante o autotratamento, ou, ainda, quando recebemos o Reiki de outros. É como um período breve de sono profundo; transcendemos o nosso nível normal de consciência e um nível mais sutil da mente emerge, o que pode durar apenas alguns minutos; mas como estamos muito relaxados e transcendemos a consciência normal, pode parecer que estivemos dormindo por horas. Também pode ocorrer o inverso, quando horas de autotratamento parecem apenas alguns minutos! Quando voltamos à consciência do Sono Reiki, geralmente nos sentimos completamente renovados, como se tivéssemos dormido a noite toda.

Essas experiências indicam que o tempo medido não é tão concreto como geralmente parece ser, e que a mente – na sua fonte – existe além das barreiras do tempo e do espaço. De fato, a mente é, em essência, livre do tempo e de qualquer barreira. Alguns textos budistas definem a verdadeira natureza da consciência, ou mente, simplesmente como clareza e consciência, como um céu límpido e infinito, ou simplesmente um saber puro, completo e cheio de felicidade; um sentido de "apenas ser", sem qualquer barreira ou definição.

Precisamos de um sono profundo todas as noites para ter uma boa saúde; geralmente, demoram-se várias horas de sono antes de atingirmos os seus benefícios. O sono profundo e o Sono Reiki são muito curativos. Ao retornar à fonte da nossa consciência superficial – nossa mente sutil – nós liberamos estresse mental e físico e mergulhamos num poço de consciência pura, ou consciência clara, que está na raiz do nosso ser. O Sono Reiki inconsciente geralmente ocorre em pessoas que têm menos tempo de sono profundo regular ou em pessoas que, particularmente, precisam de uma cura profunda.

Não é fácil para a maioria das pessoas experimentar o Sono Reiki. Como as nossas mentes estão acostumadas a operar no nível da superfície, não temos a capacidade consciente de concentração para ficarmos acordados e relaxarmos profundamente ao mesmo tempo. É por isso que perdemos a consciência temporariamente, quando transcendemos a consciência normal e caímos no Sono Reiki, como fazemos quando dormimos regularmente. Dr. Usui era capaz de manifestar, conscientemente tocar e trabalhar com os níveis sutis da mente, por causa dos seus anos de prática de meditação e sabedoria.

Conforme o nosso tratamento de Reiki progride, vamos cada vez mais experimentar níveis mais sutis da mente durante o tratamento formal e na vida cotidiana. Essas mentes sutis, lúcidas, claras e profundamente felizes começarão a surgir naturalmente em nosso interior, e poderemos, claramente, aprofundar a nossa experiência e compreensão desse processo através da meditação e do estudo apropriado.

O Caminho do Aprendizado Eterno

Às vezes, podemos sentir que não estamos obtendo muito progresso com a nossa prática de Reiki, ou, talvez, o Reiki não esteja funcionando para nós da forma que esperávamos. Qualquer que seja o caminho de crescimento pessoal, ou disciplina espiritual, que escolhermos, vamos eventualmente encontrar dificuldades, desafios e aventuras! Nenhum caminho que valha a pena ser seguido é livre de obstáculos e oportunidades; o Reiki não é diferente.

Se estivermos procurando uma carona fácil por razões erradas, nos desapontaremos. Não podemos usar o Reiki para escapar de problemas ou para manipular o mundo. O Reiki é um caminho de aprendizado para a vida inteira e não uma garantia de milagres da noite para o dia. Devemos usar tal práica com paciência e sabedoria. Podemos transformar as adversidades se desejarmos transformar a nós em vez dos nossos problemas externos. Quanto mais estivermos prontos a nos ajudar dessa forma, mais efetivo será o Reiki. Para algumas pessoas, essas noções são quase como uma segunda natureza, e são muito fáceis de assimilar; para a maioria de nós, no entanto, levará tempo para desenvolvê-las através da experiência. O Reiki nos ajudará a encontrar o nosso meio em um caminho consistente, algum lugar entre as nossas limitações atuais e potenciais, e, com o tempo, se formos pacientes e consistentes, ganharemos grande sabedoria e instrumentos para usar essa técnica de forma a transformar as adversidades entrepostas à felicidade interior. O caminho do autotratamento pode ser muito desafiador, devemos ter a coragem de abandonar muito do que achamos que somos, ser receptivos e desejar experimentar sob uma nova luz. Precisamos de uma mente leve para fazer isso; que seja flexível, adaptável, equilibrada e capaz de transformar, criativamente, os nossos antigos "eus" em alguém com quem valha a pena viver!

O processo do Reiki é um desnudamento sutil, de purificação e cura das nossas camadas de consciência erradas, confusas e de falsa identidade, permitindo que a nossa verdadeira natureza, gradual e naturalmente, brote. De forma constante, nos tornaremos mais claros, fortes e saudáveis em todos os níveis. Aproveitar o nosso processo de crescimento pessoal é importante. A sensação de autoenergização que experimentamos nos ajudará a trabalhar em harmonia íntima e em parceria com o Reiki em direção ao objetivo comum. Isso, por sua vez, criará uma forte compreensão e experiência do nosso próprio caminho e para onde ele está seguindo. Para aqueles que desejarem dar o próximo passo na evolução da humanidade, há um mundo de possibilidades infinitas e maravilhosas aguardando.

Posições de Mão para Cabeça

Figura 5.1.: Olhos.

Com os seus dedos e polegares juntos, coloque suas palmas levemente sobre seus olhos, de forma que não possa ver a luz se abrir os olhos. Não toque seus olhos e não bloqueie a respiração pressionando o nariz.

Figura 5.2.: Têmporas.

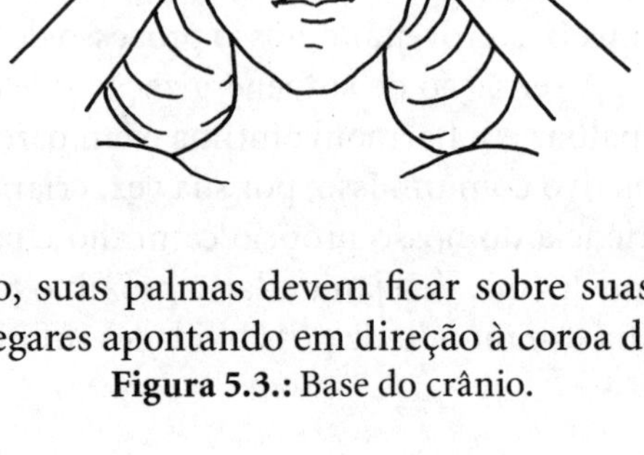

Nesta posição, suas palmas devem ficar sobre suas têmporas, com seus dedos e polegares apontando em direção à coroa da sua cabeça.

Figura 5.3.: Base do crânio.

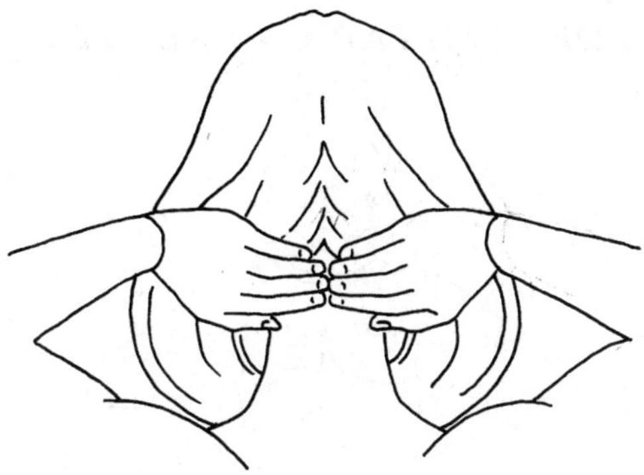

Deslize suas mãos da base do crânio ao osso occipital (protuberância óssea). Suas mãos podem se sobrepor ou permanecer lado a lado, como nesta figura, desde que o osso occipital seja coberto.

Figura 5.4.: Pescoço e Garganta.

Coloque suas mãos no pescoço, de forma que a base de cada palma ou os pulsos toquem a garganta, e o restante das palmas segurem, delicadamente, seu pescoço.

Posições de Mão para a Frente do Corpo

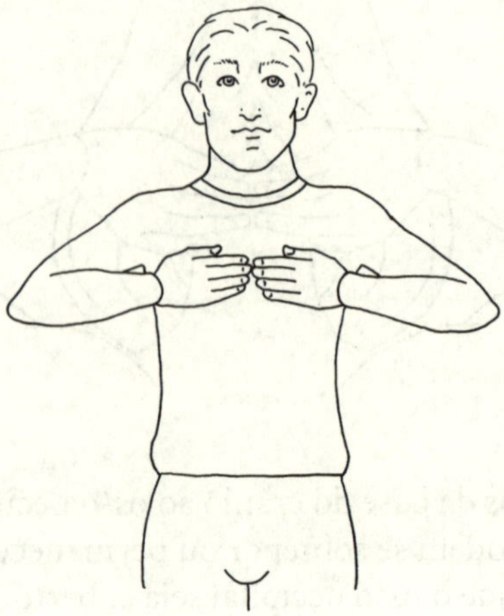

Figura 5.5.: Coração.

Escorregue suas mãos para baixo, para o meio do peito, acima do nível do coração, de forma que fiquem horizontalmente retas contra o seu peito. As pontas dos dedos de cada mão devem tocar-se levemente.

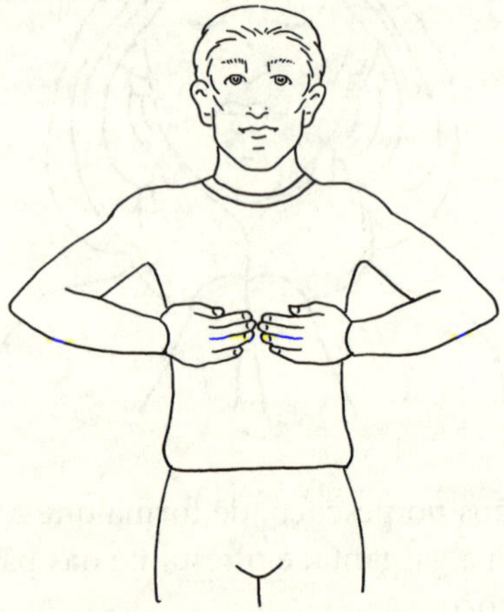

Figura 5.6.: Plexo Solar.

Novamente, mantendo contato com o corpo, mova suas mãos para baixo, de forma que suas palmas repousem sobre a base da sua caixa torácica e seus dedos encontrem-se exatamente sobre o plexo solar, que fica logo abaixo do centro da sua caixa torácica.

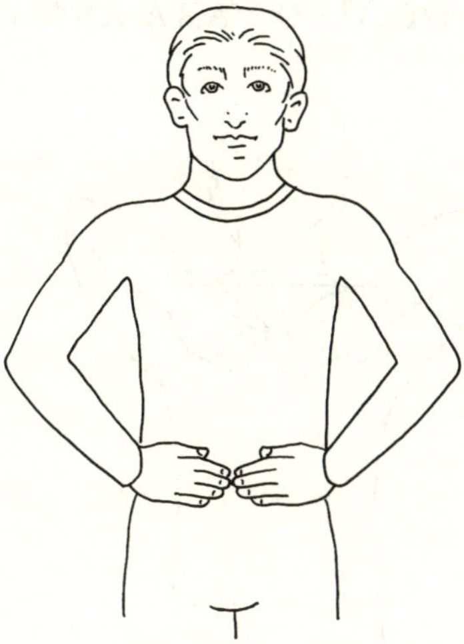

Figura 5.7.: Umbigo.

Nessa posição, as pontas de seus dedos devem tocar-se ligeiramente, a aproximadamente dois centímetros e meio abaixo do seu umbigo, com suas mãos ainda na horizontal, se for confortável.

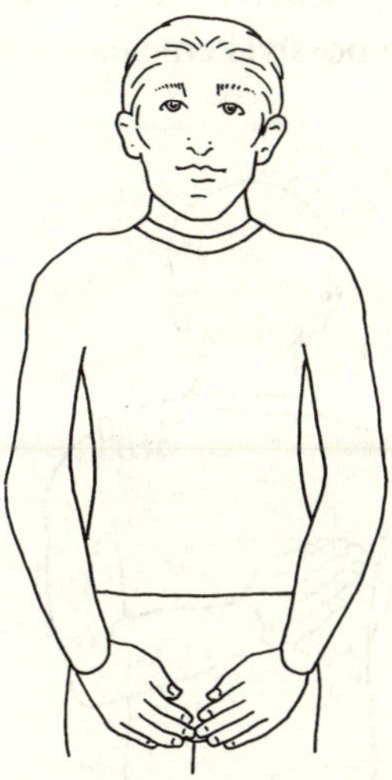

Figura 5.8.: Virilha.

Mova suas mãos para baixo de forma que elas fiquem no formato em "V", natural da virilha. As pontas de seus dedos devem apenas tocar.

Posições de Mão Para as Costas

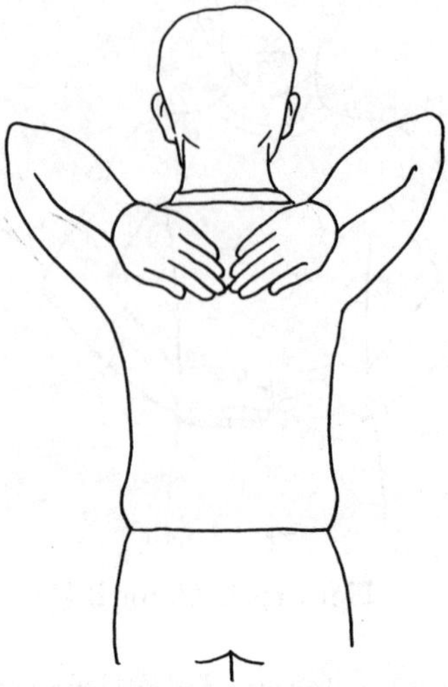

Figura 5.9.: Topo dos ombros.

Escorregue suas mãos para cima, na frente do seu corpo, sem perder o contato, e em torno do seu pescoço de forma que seus dedos toquem a coluna dorsal. O mais abaixo possível em suas costas, suas mãos formarão um “V”.

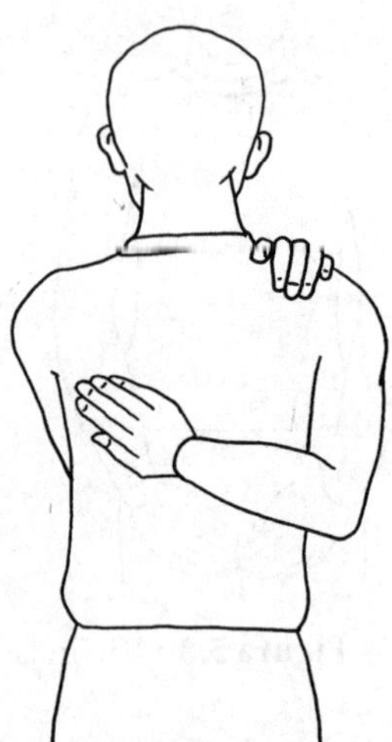

Figura 5.10.: Abaixo das omoplatas.

A. Coloque sua mão direita abaixo da linha dos ombros e mova a esquerda de forma que a sua palma aberta fique abaixo da linha do seu ombro direito.

B. Faça como anteriomente, só que ao contrário. Caso não possa fazer isso, repita a posição frontal.

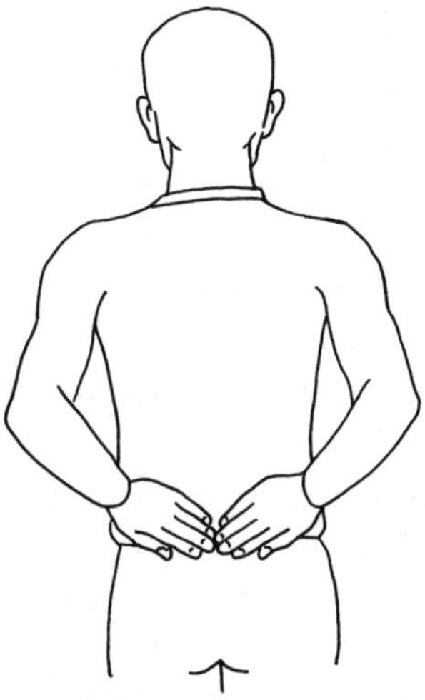

Figura 5.11.: Parte baixa das costas.

Nessa posição, suas mãos devem estar na altura equivalente ao umbigo, na posição mais horizontal possível.

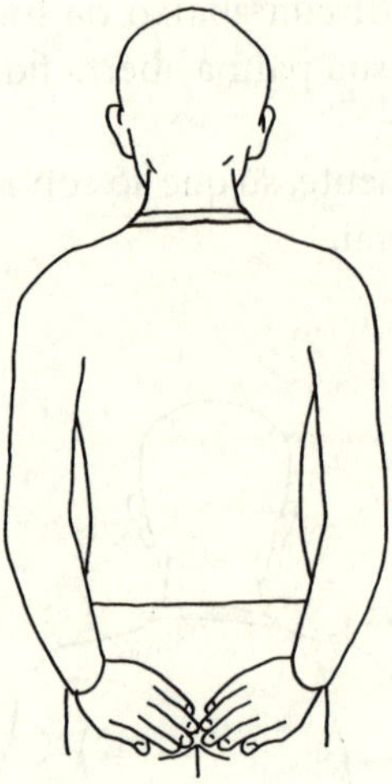

Figura 5.12.: Cóccix – Base da coluna.

Escorregue suas mãos para baixo de forma que seus dedos toquem-se e fiquem no mesmo nível da ponta do seu cóccix.

6

Tratando os Outros

A preparação para dar o tratamento de Reiki a uma outra pessoa é similar à do autotratamento. Alguns objetos extras talvez sejam necessários, como uma poltrona ou cadeira, um queimador de aromaterapia, luz baixa e um ambiente aquecido (principalmente no inverno), pois podem ajudar a criar as condições ideais. Se estiver tratando alguém pela primeira vez, coloque-se na posição do outro: como você se sentiu quando veio para o Reiki? Tente fazer com que a pessoa fique o mais confortável possível e sentindo-se bem-vinda, sem exagerar. Dedique um tempo para saber por que ela veio vê-lo e o que espera do tratamento.

Lidando com as Expectativas do Cliente

Pode ser útil dizer ao seu cliente o que esperar durante um tratamento, no entanto, julgue cada situação como preferir. Pois talvez não seja apropriado, já que eles podem pensar no que está por vir em vez de apenas relaxar. Aqui há alguns exemplos do que você pode dizer ao cliente, se isso parecer oportuno:

- Quanto tempo o tratamento dura;

- Demonstrar as doze posições de mão e dizer que você pode incorporar outras posições;
- Dizer ao cliente quando é hora de virar de costas (após a oitava posição);
- Explicar que ele/ela pode sentir um calor dentro ou na superfície do corpo, ou vindo de suas mãos (eventualmente, a sensação pode ser de frio também);
- Sensações de "formigamento" dentro ou na superfície do corpo;
- Uma sensação de peso ou leveza;
- Muito relaxamento e até sonolência (pode-se dormir);
- O cliente pode falar;
- O cliente pode suar um pouco (ou ter contrações musculares), e ele/ela pode sentir um movimento interno no corpo enquanto relaxa;
- A garganta pode ficar seca, portanto tenha um copo de água à mão, e lenços para o nariz;
- O estômago pode emitir sons conforme o corpo relaxa.

Explique que essas são todas reações naturais. Algumas pessoas podem ter uma experiência de liberação emocional muito profunda, então mantenha uma caixa de lenços de papel à mão, e esteja pronto para ouvir, se for preciso. Tente ficar disponível e aceite o que acontecer. Confie que seu cliente saberá, consciente ou subconscientemente, o que está pronto para liberar. Quanto mais confiança tivermos nas capacidades naturais de cura dos outros, mais fácil será o surgimento natural dessas qualidades neles. Do ponto de vista do terapeuta, desenvolver a confiança no Reiki é parte de nossa própria cura e crescimento. Isso também cria uma atmosfera de confiança que conduz ao amadurecimento da cura de seu cliente.

Se suas mãos estiverem frias, aqueça-as antes de começar o tratamento. Isso é importante principalmente para as posições de cabeça. As primeiras quatro posições de cabeça podem parecer claustrofóbicas, então, esteja ciente de que algumas pessoas podem se sentir desconfortáveis ao serem tocadas. O tratamento do Reiki é tão efetivo quanto se você posicionar as mãos sobre o corpo sem tocá-lo – no entanto, sabemos que o toque pode ser muito curativo por si só, mesmo sem o Reiki. A questão do toque é especialmente sensível quando homens tratam mulheres, então saiba, antes de começar, o tratamento o que deixa o cliente confortável, para que ele possa relaxar completamente e receber o máximo de benefício. Se estiver em dúvida, não o toque.

Explique o Reiki para o Seu Cliente

Às vezes, pode parecer difícil explicar, exatamente, o que é o Reiki. Se o cliente perguntar, tente responder de forma simples e sincera. Os resultados do tratamento são mais importantes do que uma explicação intelectual, apesar de que falar sobre Reiki e dividir ideias pode fazer parte do tratamento, ajudando as pessoas a ampliarem suas visões e olhar para a vida de uma forma diferente.

Procure não desafiar diretamente as crenças das pessoas, especialmente se elas parecerem rígidas. Caso elas precisem mudar a forma como percebem e experimentam o mundo, o Reiki as ajudará; não é nossa responsabilidade guiar as pessoas da forma que julgamos melhor. Lembre-se de que o Reiki não se alinha com nenhuma religião, e está aqui para todos, independentemente do credo ou cultura. Você não precisa acreditar em nada para se beneficiar dessa técnica.

Às vezes, encontramos pessoas com as quais nos sentimos desconfortáveis – e algumas que simplesmente não gostamos! Se esse for o caso de algum cliente, não afetará a qualidade do Reiki que recebemos, mas obviamente irá afetar a qualidade da relação cliente-terapeuta. Tente ser como um bom médico e desenvolva uma relação profissional amigável e igualitária com todos os seus pacientes. Outra forma de atuação é usar a situação para descobrir mais sobre você. Pergunte-se: "Por que eu não gosto desta pessoa?", "O que essa situação revela sobre mim?".

Geralmente, pessoas e situações com as quais temos dificuldade de lidar são uma parte de *nossa* mente que não compreendemos perfeitamente, como uma parte que falta em um quebra-cabeça. Esse também é o caso de pessoas com as quais estamos profundamente ligados, ou das quais dependemos para a nossa felicidade e paz de espírito. A maior parte de nossas relações é permeada por necessidade ou aversão. Muitas vezes, precisamos da aprovação ou simplesmente da presença de alguém para nos sentirmos seguros, felizes e completos; e é fácil encontrar muitos defeitos nos outros. Não temos de ser completamente autossuficientes nem completamente dependentes para nos sentirmos bem. Há um meio-termo. Podemos dar e receber sem que os outros se sintam completos, ou livrar-nos dos outros para nos sentirmos "libertos". Procurar essa forma de vida é um caminho para relacionamentos significativos e liberdade pessoal. Esse senso de equanimidade é também um bom atributo para desenvolver e aplicar em todas as áreas de nossas vidas. Se tentarmos equacionar uma atitude equilibrada, calorosa e amigável com todos que encontrarmos, todos os nossos relacionamentos se tornarão naturalmente harmônicos.

A Introdução da Intenção no Tratamento

Após o primeiro ou segundo tratamento, se você julgar que o cliente entenderá, pode explicar como estabelecer uma "intenção" do Reiki antes de começar o tratamento, e como podem usá-lo para ajudar a si e aos seus familiares e amigos. Essa pode ser a oportunidade de fazer o cliente pensar em uma causa e solução internas para os seus problemas, e como confrontar e trabalhar essas ideias, aumentando a extensão de ajuda do Reiki. No entanto, é importante lembrar que esse processo interativo é natural e não deve ser forçado. O Reiki, provavelmente, o fará surgir espontaneamente quando for a hora certa.

Antes ou durante o tratamento, você pode estabelecer suas próprias intenções para si, para a pessoa de que trata, ou aos outros. Não se limite (o mais simples é, geralmente, o mais efetivo), use uma das seguintes intenções, ou similar, com a qual você se sinta confortável.

Que todos os seres vivos se beneficiem deste tratamento.

Que este tratamento de Reiki seja para o bem maior.

Que eu seja um canal puro do Reiki e que esta pessoa receba tudo de que necessita para o seu bem maior.

Varredura da Aura

Quando o cliente estiver pronto, é possível fazer uma "varredura da aura" ao redor do corpo para encontrar áreas que precisam de mais Reiki. A aura é um campo de Energia de Força Vital sutil, presente nas árvores, flores, cristais e na Terra.

Aura é um termo em latim para "brisa" ou "respiração". Alguns textos budistas referem-se à Energia de Força Vital como "vento sutil". O "vento forte" é a massa de ar que sentimos em um dia ventoso. O *Dicionário Houaiss da Língua Portuguesa* define aura como um "1. vento ameno; brisa, aragem; 2. conjunto de elementos sutis que caracterizam dada coisa ou pessoa; ar"

Alguns "sensitivos" e pessoas energeticamente conscientes são capazes de identificar cores, formas e texturas de auras e usar a capacidade de diagnosticar desequilíbrios mentais e emocionais de energia, antes que se manifestem como reclamação física. Também, a fotografia Kirlian, que é hoje conhecida, permite-nos fotografar as auras. Há muitos livros excelentes sobre auras, campos energéticos, e chakras, mas, novamente, o conhecimento detalhado dessa área não é essencial para uma boa terapia de Reiki.

Para fazer a varredura da aura, simplesmente coloque suas palmas voltadas para baixo sobre o corpo de seu cliente e escorregue-as lentamente, da cabeça aos pés. Você deverá peceber um "colchão" energético sobre o corpo dele. Você pode verificar isso ao mover suas mãos para cima e para baixo até sentir o limite do corpo. É preciso um pouco de prática para que você note isso com facilidade. É importante estar relaxado e aberto para sentir a energia. Você também pode praticar em seu próprio corpo: com seus dedos e polegares juntos, mova as mãos para perto e para longe uma da outra. Depois de um tempo, você deve ser capaz de sentir esse colchão energético entre elas. Se não, tente estimular os chakras das mãos ao massageá-los levemente em círculos ou esfregando as mãos vigorosamente, uma contra a outra. Tente fazer isso no resto do corpo, especialmente sobre as áreas em torno dos chakras. Depois de um tempo, você será capaz de sentir os seus chakras e os dos outros; alguns podem parecer quase inativos, outros hiperativos. Se você sentir um desequilíbrio, dê o Reiki àquela área (veja a Figura 6.1, a seguir).

Não é essencial fazer a varredura da aura antes do tratamento, já que o Reiki será naturalmente concentrado nas áreas do corpo e da mente que mais precisam dele. Se você julgar que a pessoa da qual irá tratar pode estranhar e sentir-se desconfortável, então não o faça, ou apenas o introduza depois dos primeiros dois ou três tratamentos.

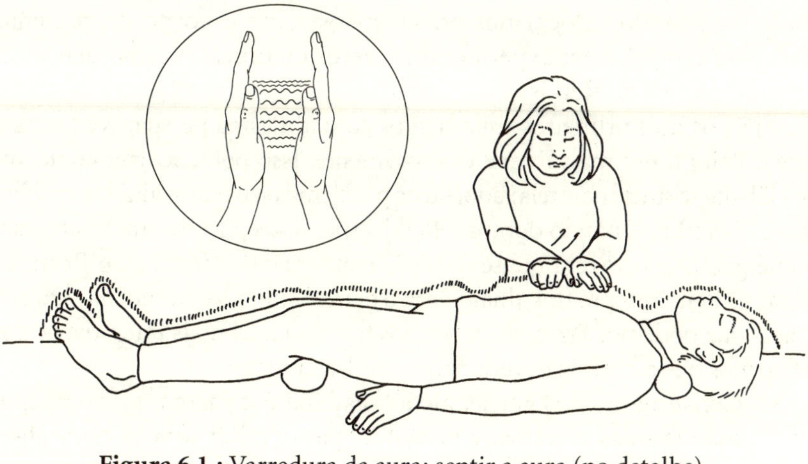

Figura 6.1.: Varredura da aura; sentir a aura (no detalhe).

Conforme você faz a varredura, se a energia do corpo mergulhar ou se sobressair excessivamente, ou parecer fria, quente, vazia ou vibrar vigorosamente, será um sinal de que mais Reiki é necessário naquelas áreas. No entanto, isso não indica, necessariamente, que há algum problema físico presente, portanto, não é preciso mencionar esse desequilíbrio ao cliente. Se você não conhecê-lo bem, poderá causar uma preocupação desnecessária.

Um desequilíbrio do campo energético pode ser simplesmente uma manifestação de estresse mental ou emocional, recente ou do passado, que não foi curado. É muito mais fácil que o Reiki ajude a liberar esses problemas enquanto eles existem em um nível mental e emocional. Com o tempo, esses problemas – se não resolvidos – podem manifestar-se fisicamente; no entanto, não podemos ter certeza de quando e com qual extensão.

Se você julga que pode haver um problema físico sério, não detectado, tente não alarmar seu cliente. Discretamente, encoraje-o a visitar um médico, principalmente se ele também crer que algo está errado. Além disso, ele nunca deve ter medo de procurar um outro médico para obter uma segunda opinião sobre sua condição de saúde. Se você for um terapeuta da medicina complementar, todos os seus pacientes que estejam à procura de auxílio para problemas de saúde graves devem vir a você após, ou enquanto são tratados por um médico.

A Criação de um Canal Aberto

O Reiki fluirá muito naturalmente assim que tivermos a intenção de dá-lo ou quando colocarmos nossas mãos sobre o corpo do paciente. Essa será sempre uma experiência prazerosa e única, mesmo depois de anos de prática do Reiki.

Após os dois primeiros tratamentos com a mesma pessoa, você notará que o Reiki fluirá mais livre e vigorosamente. Isso pode ocorrer conforme seu cliente se sinta mais relaxado, ou os problemas são confrontados, resolvidos e liberados. Quando damos o Reiki, esperamos ser um canal claro para a energia. Isso ocorrerá quase naturalmente quando tivermos o Primeiro Grau. O Reiki sempre trabalhará para o bem maior, no entanto, há algumas coisas que podemos fazer, se quisermos ter um papel mais interativo, ou se acharmos que a energia deveria fluir mais livremente:

- Consuma menos carne, álcool, cafeína e cigarros, talvez apenas por algumas semanas, a princípio, para avaliar se você sente alguma diferença;

- Aprenda a meditar um pouco todos os dias;
- Faça exercícios físicos regulares leves, como caminhada, natação, ioga, *tai chi* etc.;
- Determine uma intenção clara e sincera para o bem maior antes do tratamento, e faça ou mentalize uma oração, se você desejar;
- Mantenha a mente e o corpo relaxados e abertos durante o tratamento;
- Tente não controlar ou direcionar o Reiki mentalmente para nada além de sua intenção original, a menos que esteja familiarizado com o Reiki de Segundo Grau ou formas de tratamento similares. Faça de forma simples, e deixe que o Reiki cumpra o restante trabalho;
- Confie que o Reiki será direcionado para o local onde for mais necessário, física, mental e emocionalmente;
- Lembre-se de que o autotratamento frequente e também receber o Reiki de outros também é importante;
- Tente não ter expectativas com os resultados que você quer, seja paciente e aproveite, mas não fique muito preso a bons resultados;
- No final de cada tratamento, lembre-se de dedicar ou direcionar os efeitos futuros do seu bom carma (ações positivas) para uma boa causa.

Se você tiver esses pontos em sua mente, não só os resultados de seus tratamentos serão positivos e duradouros, como você se beneficiará enormemente ao tratar dos outros. A sua capacidade de canalizar o Reiki irá melhorar continuamente, assim como a sua sabedoria, compaixão e energia.

Sabedoria Intuitiva de Cura

Contanto que haja as condições apropriadas, todos têm a capacidade de curar-se. De certa forma, como praticantes de Reiki, temos a habilidade de fornecer essas condições de cura quando os outros não tiverem as condições iniciais para curar a si. A presença do Reiki nutre, naturalmente, a nossa própria sabedoria – e a sabedoria de cura intuitiva dos outros também. Quanto menos interferirmos no processo, melhor. Muitos conselhos bem-intencionados podem confundir as pessoas que já estão tentando lidar com uma doença difícil e mudanças no estilo de vida. Nós nem sempre sabemos o que é o melhor para os outros!

Geralmente, queremos dar o que os outros não precisam, e a tentativa de oferecer respostas aos outros pode diminuir as suas habilidades de resolver suas próprias questões. Com o Reiki, o terapeuta, em certa medida, pode deixar de ser um solucionador de problemas e tornar-se mais um facilitador, ou simplesmente uma "testemunha da cura". Isso autoriza as pessoas a utilizarem, por meio do canal do Reiki, o que elas *realmente precisam* para lhes ajudar a transformar sua própria situação, seja física, mental ou emocionalmente.

Esse tratamento sustentável permite que as pessoas desenvolvam as qualidades das quais precisam consciente ou subconscientemente para se ajudarem. Ele também oferece as bases para lidar com problemas similares no futuro. De início, esse pode ser um processo lento; mas curar, gradualmente, os problemas mais internos, forma as bases para uma cura geral profunda e duradoura – sendo que o esforço e tempo extras são mais que recomendáveis.

Ser um canal do Reiki pode ser enervante, e você pode se perguntar: "O que é o meu trabalho, na verdade, e *como* o faço?". Com um pouco de experiência, você ganhará muita confiança no processo de deixar a sabedoria do Reiki tomar conta e entender as necessidades reais de seu cliente, sem "atravessar o caminho" dessa relação em desenvolvimento. Se você fizer isso, sempre trabalhará para o bem maior. Cada tratamento o levará para mais perto de tornar-se um ser humano mais receptivo e completo, e portanto, mais capaz de ajudar aos outros. *Esse* é o seu trabalho!

Completando o Tratamento

Com experiência, você aprenderá a tentar novas posições que intuitivamente parecem certas. Apesar das pernas e dos pés não serem contemplados pelas doze posições, é interessante trazer a energia para o joelhos e pés por mais cinco minutos. Experimente e encontre a forma mais confortável, para você, de fazer isso. Sabemos que os pés são uma porta para o corpo todo, e tratá-los com reflexologia e Reiki pode ter efeitos benéficos e profundos para o corpo e a mente.

É importante que o praticante de Reiki esteja relaxado e confortável enquanto dá o tratamento. Se o cliente estiver deitado, sente-se em uma cadeira ao seu lado enquanto faz as primeiras quatro ou cinco posições e os pés. Deve ser possível apoiar seus cotovelos e braços na borda do sofá, mesa de tratamento, cama, ou onde o cliente estiver. Se você quiser sentar-se, use uma cadeira de escritório, com rodas, para mover-se ao redor do corpo do paciente, mas não apoie o peso dos seus braços no corpo do cliente. A maioria dos terapeutas prefere ficar em pé enquanto faz o tratamento.

Como no autotratamento, é importante não interromper o contato com o corpo enquanto muda a posição das mãos. Mantenha seus dedos e polegares unidos durante o tratamento. Após a oitava posição, peça ao seu cliente para virar lentamente. Se ele/ela tiver dormido, toque seu ombro gentilmente, o que, normalmente, é suficiente para acordá-los. Ajudar, fisicamente, o cliente a virar-se permite-lhe manter contato com o corpo dele – importante para manter o tratamento contínuo, além de impedir que o cliente caia da mesa se estiver sonolento! Se o cliente tiver um travesseiro embaixo dos joelhos, retire-o nesse momento, e permita que se acomode novamente antes de continuar. O tratamento geralmente termina nos pés, mas, em alguns casos, poucos minutos de Reiki na cabeça, especialmente na testa, podem trazer clareza para uma mente adormecida. Essa também é uma boa oportunidade para dedicar enquanto o Reiki flui.

Limpeza da Aura

Quando o tratamento tiver terminado, você pode "pincelar" a aura para remover as energias negativas que podem ter sido liberadas durante o processo. Isso é similar à varredura da aura, mas, em vez das palmas ficarem estendidas, elas devem alternar entre apontar para os pés enquanto você pincela a aura (removendo energia negativa) e estender, ao trazer suas mãos de volta. Lentamente, trabalhe com uma onda de movimento repetitivo da cabeça aos pés, com suas mãos abaixo do nível do campo energético, mas sem tocar o corpo (veja Figura 6.2, a seguir).

Quando você chegar aos pés, deve-se, gentilmente, jogar suas mãos em direção ao chão, liberando, assim, a energia negativa acumulada da aura. Estabeleça uma intenção breve para que o Reiki limpe, de forma que não se acumule no ambiente após uma série de tratamentos. A Energia de Força Vital de alguns tipos de cristais, incluindo a ametista, tem um efeito de limpeza energética nos ambientes nos quais estão. Esses cristais podem ser limpos após o uso prolongado. De fato, toda a área da purificação dos cristais é fascinante e há muitos livros excelentes sobre o assunto.

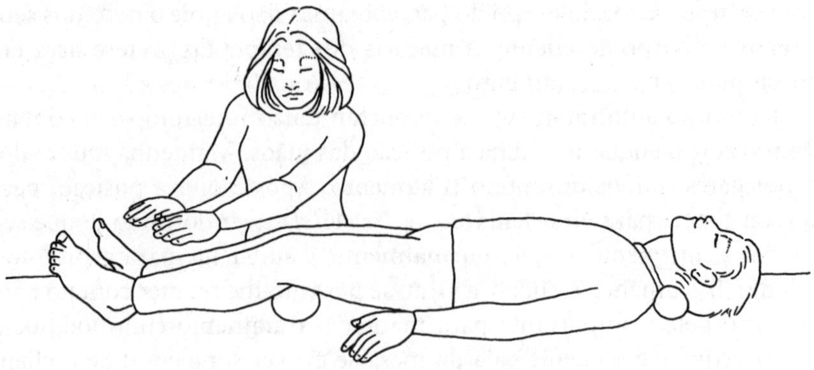

Figura 6.2.: "Pincelando" a aura.

Criação do Espaço Sagrado

É uma boa prática lavar suas mãos após o tratamento, pois ajuda a liberar qualquer energia negativa que restou. Novamente, você pode tocar o ombro do paciente se ele não estiver consciente de que tratamento chegou ao fim, e lhe dizer para sentar-se devagar. Dê tempo ao cliente para que ele possa falar e se recompor. Tenha água e algo para comer à mão (como um biscoito), já que um pouco de açúcar e líquidos ajudam a retomar a concentração e ficar alerta após um tratamento muito relaxante. Isso é importante se o paciente precisar dirigir até em casa.

Se você fizer vários tratamentos sucessivos, faça um autotratamento por alguns minutos e determine uma intenção para que o ambiente seja purificado. Isso permite que a energia limpe a sua própria aura de qualquer coisa que você, ou o cliente anterior, tenha liberado durante o tratamento. Isso também cria um espaço fresco, ou "sagrado", para a próxima pessoa, e lhe dá um pouco de tempo para descansar e focar-se. Dar muito Reiki, geralmente, não é exaustivo, mas pode acelerar o seu próprio processo de transformação, e isso pode lhe deixar com uma sensação de desorientação.

Então, se você tiver essa sensação, não apenas quando estiver dando o Reiki, você pode deixá-la passar, confiar e fluir com a experiência, ou estabelecer uma intenção para diminuí-la se achar que tudo está ocorrendo rápido demais. Você sempre tem a escolha e o poder de decidir quanto, até quando e o quão rápido progredir. Lembre-se de que o Reiki só trará o que estivermos prontos para lidar com e aprender. Apesar de talvez, inicialmente, julgar que não está à altura do desafio, você sempre será mais forte do que acredita ser. Caso tenha um pouco de coragem para encarar o autoquestionamento, o Reiki irá, definitivamente apoiar-lhe durante todo o caminho. No entanto, não crie estresse, encontre o seu próprio ritmo, e não se force a mudar de forma radical. Caminhando, você sempre pode ir mais longe em vez de correr. Procure o crescimento balanceado e sustentável.

Dar o Reiki Sentado

Geralmente, é melhor receber o Reiki deitado, já que isso permite um nível mais profundo de relaxamento e assim podemos receber a cura mais abertamente. No entanto, algumas pessoas podem sentir-se mais

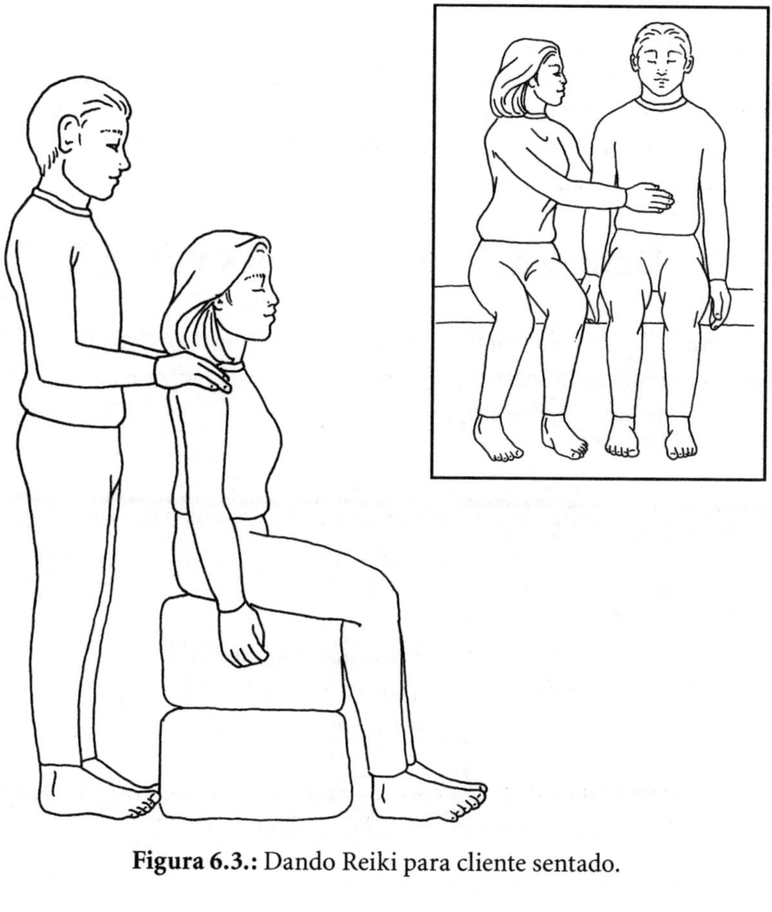

Figura 6.3.: Dando Reiki para cliente sentado.

confortáveis ao receber o Reiki sentadas, especialmente caso se sintam vulneráveis deitadas, ou se tiverem algum impedimento físico, como um problema nas costas (veja a Figura 6.3, na página anterior). Avalie cada caso e permita ao cliente escolher qual posição ele prefere. Se você der o Reiki a alguém que estiver sentado, passe por todas as doze posições, mas adapte-as, para que você e o cliente fiquem confortáveis durante o tratamento. Não se preocupe se não conseguir realizá-las exatamente. O Reiki fluirá naturalmente para onde for mais necessário.

Se o seu cliente estiver sentado, fique de pé atrás dele, ou de lado, durante as primeiras quatro ou cinco posições; então, ao mover as mãos para baixo do corpo do cliente, você pode sentar-se. É mais confortável ter uma mão na frente e outra atrás do corpo. O Reiki fluirá através da cadeira, assim como faz com o gesso, roupas e outras barreiras físicas. No entanto, se você encontrar uma forma de ficar em contato com o corpo, será preferível. Faça dez minutos em cada uma das posições restantes, pois você estará tratando a frente e as costas ao mesmo tempo. Lembre-se de que, do ponto de vista de seu cliente, sentar por uma hora na mesma posição pode ser desconfortável. Nesse caso, pode ser sábio oferecer tratamentos de meia hora. Em circunstâncias corretas, isso pode ser tão efetivo quanto o tratamento na posição deitada.

Dedicar Após os Tratamentos

No final de um tratamento de Reiki, antes que você dedique, poderá estabelecer mais uma intenção mental para selar, proteger e até continuar o processo de cura. Por exemplo:

Que esta pessoa continue a receber o tanto de Reiki quanto ela precisar até o próximo tratamento.

ou,

Que os efeitos deste tratamento de Reiki sejam selados e protegidos de qualquer influência negativa mental ou física.

Isso garante que os efeitos do tratamento continuem e durem por muito mais do que o tempo que você passou com aquela pessoa.

Lembre-se sempre de dedicar a energia positiva potencial que você criou ao dar o Reiki. Faça isso a si, ao seu cliente, e a qualquer um que você queira ajudar. O carma ou ato de dar e receber a cura cria uma energia potencial especialmente forte que, como já explicado, retornará a nós como uma experiência positiva em algum momento no futuro. Dedique ou dirija essa energia a propósitos específicos, ou no geral, para benefício de todos. Para dedicar, apenas pense:

Que através da força dessa energia positiva,
nós, e todos os seres vivos,
experimentemos saúde duradoura e felicidade,

ou,

Que este ato de doação beneficie todos os seres vivos
para o seu bem maior.

Dessa forma, um único tratamento de Reiki pode gerar uma reação positiva em cadeia, que, indiretamente, ajuda a todos os seres vivos, como jogar uma pedra em uma piscina de água. As ondinhas eventualmente se espalharão por toda a superfície e, finalmente, retornarão ao centro ou à origem da primeira onda.

O Poder de Ouvir o Reiki

Sabemos que a inteligência de cura natural do Reiki funciona em harmonia completa com outras terapias, geralmente sem que notemos suas intervenções sutis. Ele nos ajuda a desenvolver nossa própria sabedoria intuitiva para que nos tornemos mais empáticos e saibamos como ajudar aos outros da melhor forma.

Por exemplo, às vezes, podemos saber que um tratamento de Reiki pode ser inapropriado, e que talvez só sentar e ouvir alguém falar sobre a sua situação é a melhor forma para agirmos como um canal de Reiki. O ato de ouvir é uma forma de doação. Nós damos a nossa atenção com o desejo de ajudar, e isso cria uma conexão energética que permite ao Reiki fluir livremente através de nós para a pessoa que dele necessita, de aura para aura, digamos. O ato de pedir ajuda cria uma abertura, permitindo que o Reiki entre na vida de nosso cliente da forma que precisar.

Essa "ponte energética" pode acontecer ao telefone, e até sem comunicação verbal! Com alguma experiência, começaremos a notar e sentir quando alguém está recebendo o Reiki através de nós sem a nossa intenção consciente ou toque físico. Já que o propósito do Reiki é aliviar o sofrimento, quando houver necessidade de cura ou oportunidade, ou abertura para doar, o Reiki começará a fluir de nós, ou através de nós. Isso pode ocorrer em qualquer lugar, quando sentamos ou ficamos de pé perto de alguém que não conhecemos, quando fazemos compras, ao esperar um ônibus, ou apenas caminhando pela rua. Podemos até encontrar essa situação com pessoas que dizem que não querem o Reiki!

Não importa quando esse tipo de cura espontânea acontece, ele é uma experiência muito prazerosa e natural, então, apenas relaxe, confie e aproveite. Podemos, inclusive, observar isso ocorrer com edifícios, locais ou outros objetos inanimados que precisam de Reiki, principalmente se estiverem conectados com atividades negativas do passado, ou dificuldades, tais quais batalhas, motins e acidentes de trânsito. Quando experimentamos esse acontecimento, podemos estabelecer uma intenção e dedicar depois, no entanto, é uma boa ideia não nos envolvermos muito mentalmente. Podemos aprender muito apenas abrindo-nos à experiência e apenas ao ficar com o Reiki.

A Cura de Eventos Passados com Reiki

Eventos que aconteceram há muito tempo também podem precisar de Reiki. Você pode ajudar apenas ficando nesses lugares. O Reiki pode funcionar além do tempo e espaço, para curar, dissipar e transmutar energia negativa e a atmosfera restante de ações e experiências passadas negativas.

Quando estamos em um lugar que precisa de Reiki, sentiremos que ele começará a fluir naturalmente. Se você estiver confortável com o que sente e experimenta, então permaneça assim até que esteja completo. Se não, vá embora e apenas estabeleça uma intenção para que aquele lugar, ou situação passada, receba a melhor forma possível do Reiki para o bem maior. Isso será o suficiente.

Quando Dar o Reiki

Curar outras pessoas e lugares é como curar uma parte de nós. Isso acelera nosso próprio crescimento pessoal e nosso processo de aprendizado. Se você sente-se pronto para dar o Reiki regularmente, estabeleça uma intenção para atrair as pessoas que você pode ajudar mais. Se as pessoas não vierem até você, provavelmente, é porque não é a hora certa. Talvez você tenha de passar mais tempo se desenvolvendo ou talvez não seja o seu caminho praticar formalmente o Reiki. Tente usar seus talentos e habilidades em outras áreas em conjunto com o Reiki. O Reiki trabalha em harmonia com nossa vida quando obtemos o Primeiro Grau. Não temos de fazer grandes mudanças, já que a prática trará o melhor de nós, quaisquer que sejam nossos outros interesses. Apenas seja você mesmo!

Não é uma boa ideia oferecer o Reiki se você julgar que as pessoas não serão receptivas, ou serão até mesmo derrisórias. Não faça nada em segredo; deixe as pessoas saberem o que você faz, se o assunto vier à tona em uma conversa, deixe que elas lhe procurem "se e quando" estiverem prontas para o tratamento. Ele é um presente muito raro e precioso e temos de valorizá-lo e tratá-lo com respeito. O Reiki está aqui para que todos se beneficiem dele. Assim, da mesma maneira que mantemos algo de muita importância, apenas para nós mesmos, em um lugar seguro e o mostraríamos somente àqueles que o apreciariam ou dele precisariam, o mesmo acorre com o Reiki.

Se você adotar a atitude de silêncio e respeito, seguramente ganhará muita compreensão e experiência do Reiki. É também importante considerar que aqueles que vivem uma vida simples, comum, como parte normal de uma família ou comunidade, geralmente são os praticantes mais efetivos do Reiki. Ser um grande e bem-sucedido terapeuta, ou ter um ego "inflado", pode criar muitos obstáculos internos e externos para a sua progressão espiritual.

Percebendo a Nossa Natureza Interior Verdadeira

Entender a sacralidade íntima do Reiki é parte do caminho para tornar-se um praticante mais completo. Às vezes, conforme progredimos, experimentamos uma "proximidade interna" à fonte do Reiki, e nesses momentos percebemos o quão pequenos somos e como sabemos tão pouco sobre a essência dessa técnica. No entanto, assim como uma gota no oceano é da mesma natureza que o oceano, e eventualmente torna-se inseparável dele, devemos perceber que estamos nos tornando muito mais do que jamais imaginávamos; podemos perceber a natureza e o potencial interno verdadeiros de nós e dos outros.

Geralmente, há uma forte conexão entre os problemas que as pessoas nos trazem – como terapeutas – e as nossas próprias questões. Se nós parecermos atrair pessoas com problemas similares, isso também indica que devemos seguir adiante nessas áreas. Não podemos esperar que as pessoas mudem para melhor se não desafiarmos nossos próprios defeitos!

Não temos de ser perfeitos, apenas estarmos preparados para aprender mais sobre nós. Não devemos nos orgulhar de ser terapeutas, ou agir como se fossemos superiores, pois isso pode ser uma barreira real para nossa própria cura e para a melhora de nossas habilidades de cura. Se formos sinceros quanto a nossas fraquezas, sem sermos rígidos conosco, e formos capazes de dividir nossos problemas e pedir ajuda quando precisamos, então nossa habilidade de curar a nós, e aos outros, irá melhorar.

Curando à Distância

Com o Primeiro Grau do Reiki, podemos enviá-lo a pessoas que precisam dele, simplesmente ao visualizá-los, colocados nas palmas de nossas mãos, ou com as mãos na parte de seu corpo que, particularmente, precisa de cura. Apenas estabeleça uma intenção para que aquela pessoa receba o tanto de Reiki de que precisa. Às vezes, segurar uma fotografia com o nome do cliente escrito no verso pode ajudar a criar uma conexão mais forte com ele.

Isso aplica-se também a situações distantes que julgamos precisarem de energia de cura, como guerras, desastres, ou outros problemas dos quais tomamos conta. Podemos encontrar alguém brevemente ou ver alguém na rua que precisa de ajuda, então, devemos agir novamente da mesma forma (ver a seção “O Uso da Visualização do Reiki”, Capítulo 9).

Em Direção à Prática Profissional

Um conhecimento básico de anatomia, fisiologia e doenças mais comuns pode ser muito útil se você trata pessoas regularmente. Caso pretenda praticar regularmente, pode ser difícil conseguir um seguro de indenização profissional, a menos que tenha completado um curso reconhecido em anatomia e fisiologia. A maioria dos colegas da área de extensão educacional organiza esses cursos. Se você já é qualificado e prática uma terapia complementar, apenas mande para a sua seguradora uma cópia de seu certificado de Primeiro Grau, e eles estenderão a sua apólice para cobrir Reiki, geralmente sem custos extras.

É também muito valorizado fazer cursos básicos de cuidados com o cliente e, principalmente, em recursos para aconselhamento. Há livros excelentes sobre esse e outros assuntos, como o papel de outras terapias complementares, técnicas de autoajuda para a melhora da saúde, a conexão corpo e mente, e como culturas diferentes veem as causas e as curas de doenças.

A Causa e a Cura das Doenças

Algumas pessoas podem não receber o que querem de um tratamento de Reiki, ou o que gostaríamos que recebessem! O Reiki só é efetivo para o bem maior do paciente e do terapeuta, e isso aplica-se aos resultados do tratamento. A causa de todas as doenças tem sua raiz na mente, e ali também está a cura para todas elas. Se a mente não está pronta, ou querendo mudar, consciente ou subconscientemente, a doença não será curada, ou podemos apenas alcançar um alívio passageiro.

Parece que todos temos o desejo de ser saudáveis, no entanto, poucas pessoas se conhecem o suficiente para reconhecer que suas doenças são expressão de parte de sua própria mente que não deseja estar saudável, ou não sabe ficar bem. Podemos reensinar a nós como ficarmos bem se estivermos prontos para olhar para dentro em busca de respostas, e não abrir mão da responsabilidade pela nossa saúde.

O Reiki funciona em todos os níveis, mas, primeiramente, em um nível mental e emocional. Não se surpreenda se um mal-estar físico não desaparecer da noite para o dia. O Reiki trabalha para conseguir resultados a longo prazo, ao ajudar a pessoa a confrontar, curar e liberar as questões que, inicialmente, causaram o problema. Isso pode ocorrer conscientemente, ou de uma maneira muito sutil. Às vezes, ajudar uma pessoa a aceitar e conviver com uma doença grave é o que conseguimos fazer por ela, dependendo da severidade e duração do problema. Nunca devemos considerar isso uma derrota. Se a qualidade de sua vida melhorar apenas um pouco, devemos ficar satisfeitos com o progresso.

Por quanto tempo e com que frequência tratamos alguém depende de quanto o cliente precisa e de quanto tempo estamos preparados para dar. Para uma doença grave, é ideal dar cinco tratamentos na primeira semana, quatro na segunda, e assim por diante, até chegar a uma vez por semana, ou até que não haja mais sinais do problema original. Obviamente, isso não é sempre prático, então, uma ou duas vezes por semana para começar é suficiente, principalmente porque o Reiki continua a trabalhar por muito tempo após o término do tratamento.

Cura Mental e Emocional

Durante um tratamento, seu cliente pode lembrar de eventos traumáticos passados ou memórias felizes como parte do processo de cura. Apesar dessas memórias não parecerem ter qualquer relação com a doença, elas podem ser relevantes. Elas podem, simplesmente, aparecer como imagens na mente – quase como um filme, que pode ser relembrado, aceito e liberado facilmente. Normalmente, não há necessidade de analisar ou aliviar emocionalmente esses eventos, a menos que o receptor tenha um forte desejo de que isso ocorra. Novamente, confie que eles saibam, consciente ou subconscientemente, como devem ficar durante esse tempo. É aceitável terminar o tratamento se houver alguma liberação emotiva, e você pode passar o restante do tempo apenas conversando enquanto tomam um chá!

Tratando Crianças e Animais com o Reiki

Podemos tratar crianças da mesma forma que tratamos os adultos, no entanto, a menos que estejam muito doentes, sua atenção e habilidade de permanecerem deitados por uma hora inteira podem ser limitadas. Então, podemos dar tratamentos mais curtos, por mais dias na semana, ou tratá-los enquanto dormem, ou, ainda, sentados no colo dos pais. Dar Reiki a um bebê, ao simplesmente segurá-lo no seu colo, é uma experiência muito especial.

Obviamente, se não conhecemos bem a criança, um dos pais ou um responsável deve estar presente durante o tratamento. Não é surpreendente que as crianças sejam mais naturalmente compreensivas ou intuitivamente sábias quanto ao processo do Reiki, e, consequentemente, essa confiança e abertura podem trazer resultados mais rápidos.

Se você quer tratar um animal, simplesmente coloque suas mãos sobre ele ou ao redor dele – dependendo do quão grande for! Geralmente, quanto maior, de mais Reiki irão precisar! A maior parte dos animais parece saber quanto precisam receber. Geralmente, eles se apoiarão em você por um tempo, e sairão quando estiver terminado. Eles podem até posicionar-se de forma que a parte na qual precisam de cura fique sob suas mãos. Podemos enviar a cura aos animais também à distância.

Se um animal estiver muito doente, dê-lhe tratamentos regulares e trabalhe da cabeça em direção ao rabo, o Reiki irá para onde é mais necessário. O Reiki também pode ajudar a aliviar dor e estresse, o que é particularmente importante se um animal estiver morrendo. Uma morte pacífica é um presente especial.

Posições de Cabeça para o Tratamento dos Outros

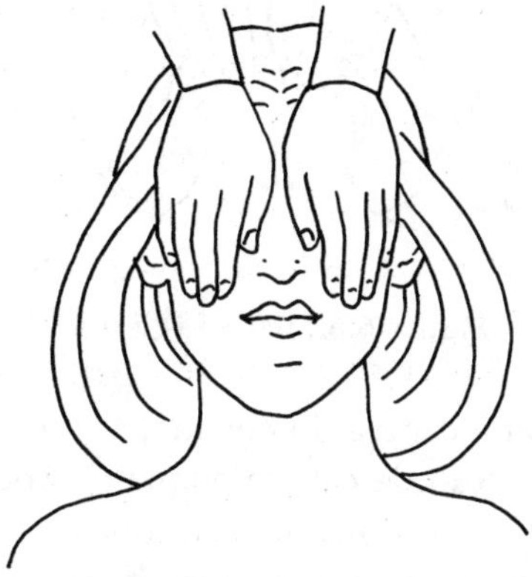

Figura 6.4.: Olhos.

Sente-se atrás da cabeça de seu cliente durante as primeiras quatro posições. Coloque suas mãos juntas sobre, ou apenas tocando o rosto, de forma que suas palmas fiquem sobre os olhos do cliente, mas sem restringir a respiração pelo nariz.

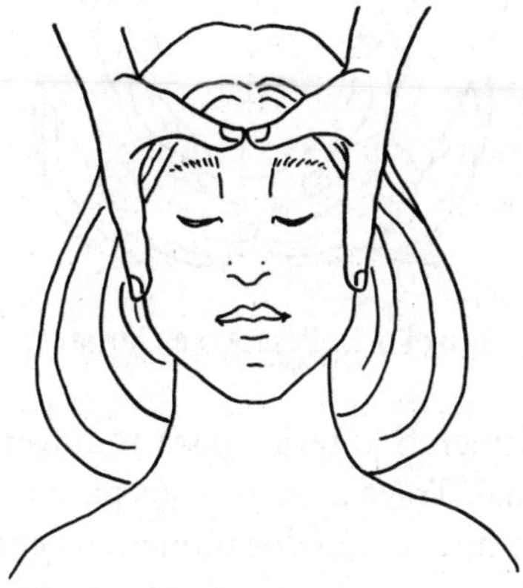

Figura 6.5.: Têmporas.

Levemente, mova suas mãos para a lateral da cabeça de forma que suas palmas fiquem sobre as têmporas e os polegares toquem-se no centro da testa. Outra opção é colocar as palmas sobre as orelhas mantendo seus dedos e polegares juntos.

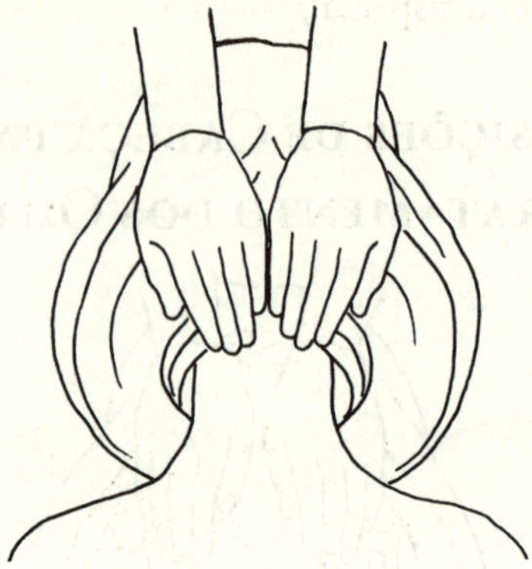

Figura 6.6.: Base do Crânio.

Lentamente, mova a cabeça do cliente para um lado, de forma que uma mão sustente o peso da cabeça enquanto você escorrega a outra para a base do crânio. Gentilmente, posicione a cabeça para a mão que está na base do crânio e escorregue a mão livre para encontrar a outra, de forma que a cabeça fique envolvida e ereta.

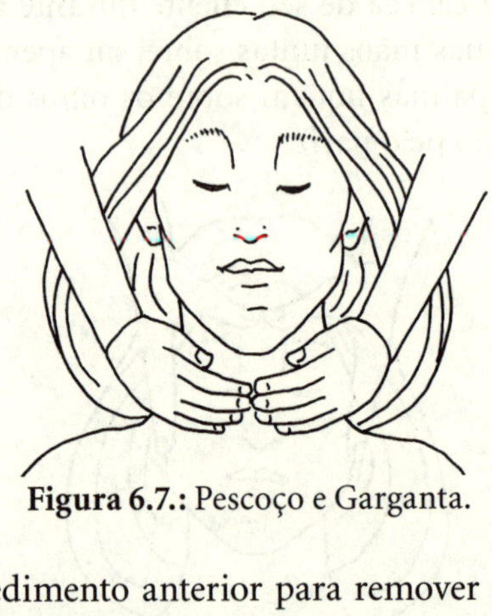

Figura 6.7.: Pescoço e Garganta.

Reverta o procedimento anterior para remover as mãos da posição mostrada na Figura 6.6. Traga as suas mãos para o entorno de cada lado do pescoço, de forma que seus dedos toquem o centro da garganta. Suas mãos devem tocar de leve ou apenas flutuar próximas do pescoço e da garganta.

Posições Frontais para o Tratamento dos Outros

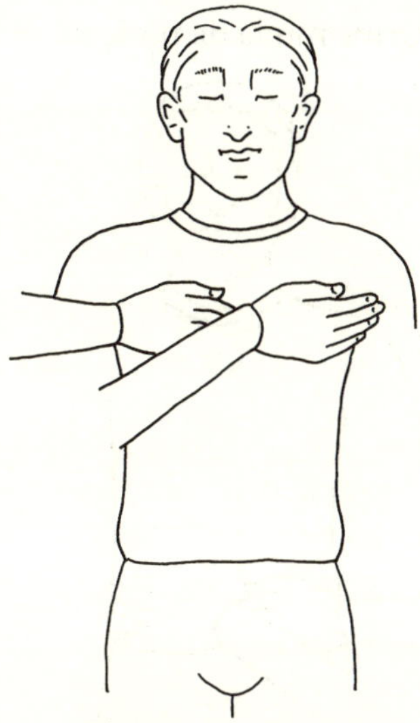

Figura 6.8.: Coração.

Levante-se e mova-se para um dos lados do cliente enquanto ainda mantém contato com o corpo. Coloque suas mãos, uma na frente da outra, ao longo da altura do coração, de forma que as pontas dos dedos da mão mais próxima toquem a base da outra palma no centro do corpo.

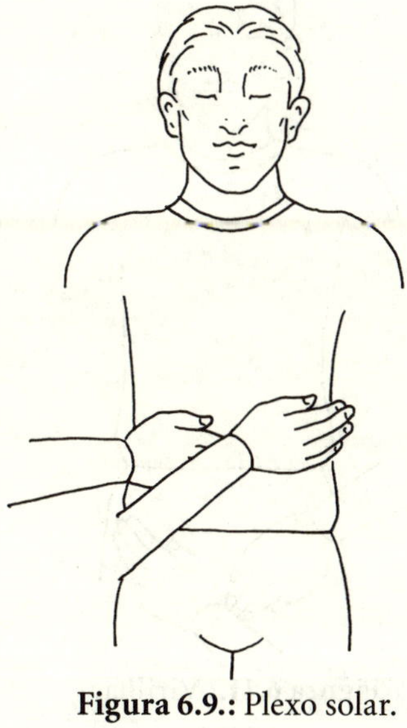

Figura 6.9.: Plexo solar.

Mova suas mãos para baixo, para a área do plexo solar, logo abaixo do centro da caixa torácica. Se estiver tratando uma mulher, cuidado para não tocar seus seios conforme muda de posição.

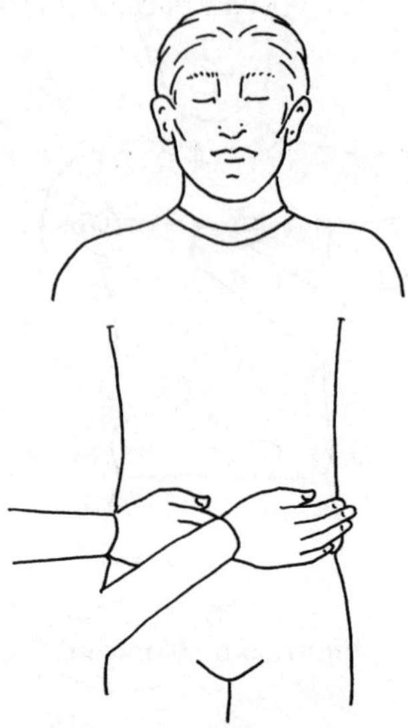

Figura 6.10.: Umbigo.

Escorregue suas mãos para a área logo abaixo do umbigo.

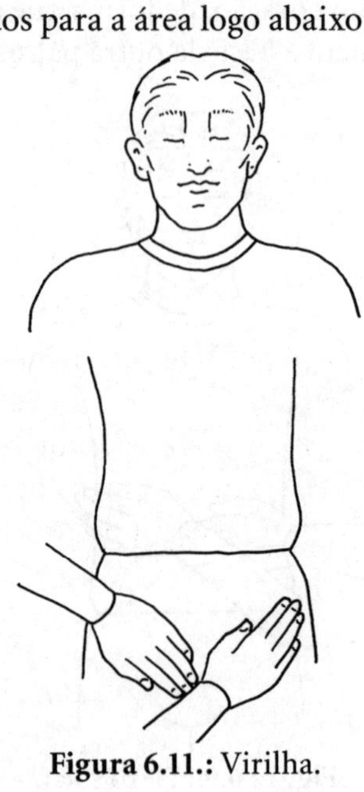

Figura 6.11.: Virilha.

Desencoste as mãos do corpo nessa posição a menos que esteja tratando alguém que conheça bem, e posicione-as para que formem um "V" sobre a área da virilha.

Passe algum tempo dando o Reiki para os joelhos e pés antes de pedir para o paciente virar de costas.

Posições das Costas para o Tratamento dos Outros

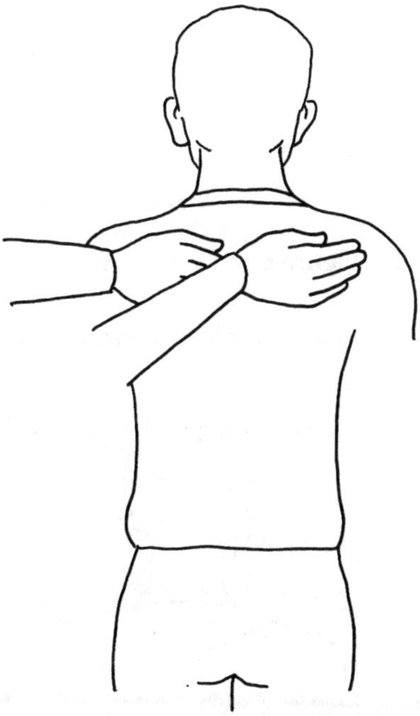

Figura 6.12.: Topo dos Ombros.

Tente manter contato com o corpo enquanto o paciente vira, e quando estiver na posição, traga suas mãos para o topo dos ombros, alinhando-as. Outra opção é fazer a posição mais abaixo, na altura do coração.

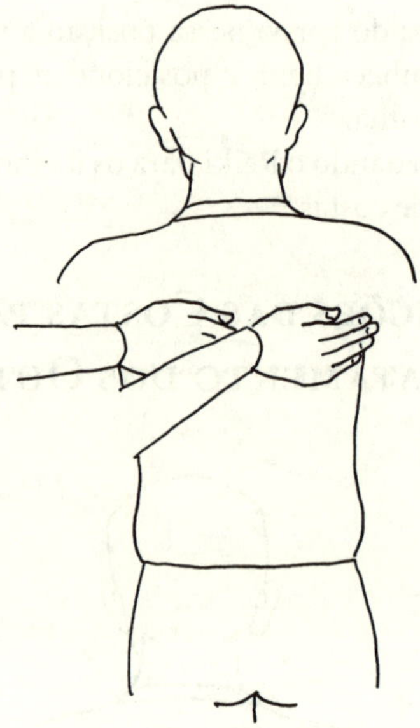

Figura 6.13.: Omoplatas.

Essa posição corresponde à do plexo solar, aproximadamente na metade das costas.

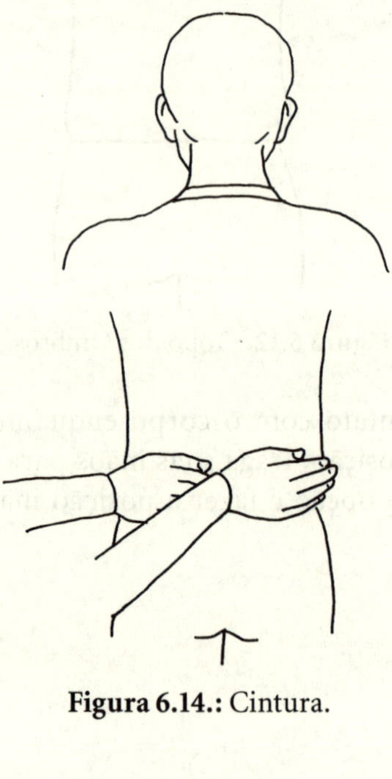

Figura 6.14.: Cintura.

Essa posição corresponde à posição abaixo do umbigo, na altura da cintura.

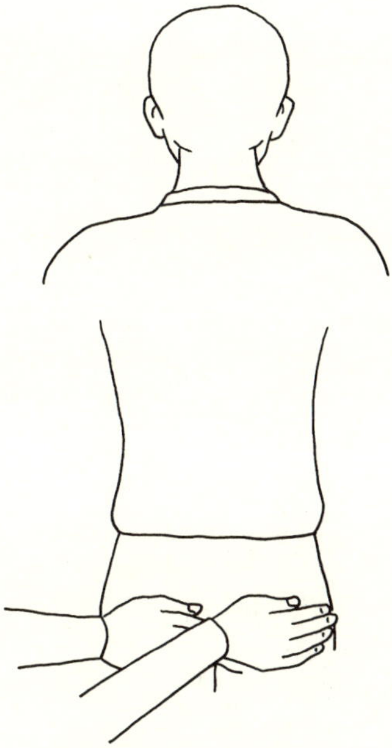

Figura 6.15.: Cóccix.

Escorregue suas mãos para que fiquem na altura do cóccix. Somente toque essa área se estiver tratando alguém que conhece bem.

Para terminar o tratamento, utilize alguns minutos para dar o Reiki aos joelhos e pés do cliente.

7

Os Cinco Princípios

O Reiki não apenas cura doenças como também potencializa habilidades, equilibra o espírito, torna o corpo saudável e, por fim, nos ajuda a alcançar a felicidade. Para ensiná-lo aos outros, você deve seguir os cinco princípios do Imperador Meiji e contemplá-los em seu coração. Eles devem ser ditos diariamente, uma vez pela manhã e uma vez à noite:

Não tenha raiva hoje.
Não se preocupe hoje.
Seja grato hoje.
Trabalhe duro hoje (prática espiritual).
Seja gentil com os outros hoje.

O objetivo máximo é entender o método secreto e antigo de receber a felicidade (Reiki) e, dessa forma, descobrir uma cura total para muitas doenças. Se esses princípios forem seguidos, você terá a mente tranquila como a dos antigos sábios.

Para começar a difundir o sistema do Reiki, é importante iniciar por um lugar próximo, como você mesmo. Não comece por algo abstrato e distante, como a filosofia, ou a lógica. Sente-se de forma ereta e em silêncio toda manhã e toda noite, com suas mãos posicionadas na posição "*Ghasso*" ou "*Namaste*", também conhecida como a posição da oração. Siga os grandes princípios e seja claro e silencioso. Trabalhe em seu coração e faça as coisas a partir do espaço silencioso de dentro de você. Todos podemos acessar o Reiki porque ele começa dentro de nós!

Uma Espiral para Cima

Para ajudar-nos a receber o máximo do Reiki, podemos usar os seus princípios como guia para uma prática pessoal mais responsável e envolvida. Como explicado no Capítulo 1, o Reiki pode melhorar a qualidade de nossa mente, ajudando-nos a ser mais positivos e criativos em tudo o que fazemos. Sabemos que tal prática faz isso ao purificar e aumentar a qualidade de nossa Energia de Força Vital Interna, que tem um efeito correspondente em nossos pensamentos e emoções e na forma como experimentamos e percebemos o mundo ao nosso redor. Uma representação simbólica interessante dessa relação de interdependência entre consciência e energia interna pode ser o símbolo chinês do *yin-yang* ou a espiral dupla do DNA.

Podemos encorajar o processo de limpeza interior ao procurar criar, intencionalmente, uma atmosfera saudável e positiva na prática dos Cinco Princípios do Reiki. Intenções regulares para desenvolver boas atitudes, seguidas de ações positivas do corpo, fala e mente, irão, na verdade, criar energias internas mais claras, fortes e saudáveis. Isso lhe permite carregar um nível de Reiki mais alto que, por sua vez, aprofunda o processo de limpeza e, consequentemente, melhora e apoia as nossas intenções mentais positivas. Podemos também ver esse processo como uma relação de mão dupla, por meio de nossas energias internas. Nossas boas intenções e a presença do Reiki criam uma espiral para cima que apoia mutuamente nossa saúde e bem-estar internos e externos.

Reiki
Regular
(Aumenta a qualidade da energia interna
– cria atmosfera positiva)

+

Atmosfera[1]
Positiva
(Aumenta a qualidade da energia interna
– melhora o nível do Reiki)

=

Saúde
Bem-estar
(Espiral para cima positiva e contínua)

A Sabedoria Pura dos Princípios

A importância dos princípios do Reiki é enfatizada no memorial do dr. Usui. O Imperador Meiji do Japão criou os princípios como um guia fácil de memorização para desenvolver e manter uma atmosfera relaxada, pacífica e positiva; essencialmente como viver uma vida com sentido e preenchimento. Um estado mental verdadeiramente positivo traz felicidade duradoura para nós e para os outros. Se absorvermos esses princípios como parte de nossa prática do Reiki, a sabedoria, a compaixão e o poder vindo dele podem nos guiar e apoiar, não apenas no seu uso, mas em todos os outros aspectos da vida cotidiana.

Os princípios do Reiki são pura sabedoria. Cada um carrega uma essência ou energia especial. Talvez, o dr. Usui os ensinasse para ajudar-nos a entender a importância de termos responsabilidade pelos nossos atos e para ajudar-nos a praticar nossos valores e potencial ao usar o Reiki *para o bem maior.*

---

1 Outlook, que pode ser também traduzido, de forma mais literal, como "ponto de vista".

Se usarmos *o* Reiki de acordo com os cinco princípios, nossa motivação será naturalmente correta e os resultados de nossas ações sempre serão o bem maior. Se adotarmos os princípios, viveremos de acordo com a intenção última do Reiki: beneficiar a todos os seres vivos. Todas as intenções serão alcançadas mais rápida e facilmente, e todos nossos pensamentos e ações irão, com o tempo, tornar-se expressão pura e natural de nossas boas intenções.

Apesar dos princípios parecerem simples, eles contêm os ensinamentos essenciais de todas as grandes tradições espirituais. Se usarmos o Reiki regularmente, com um desejo genuíno de aprender mais sobre nós e beneficiar aos outros, essas realizações virão naturalmente.

As Cinco Intenções do Reiki

Se você julgar que sua saúde (ou outros problemas) não apresenta melhora, e você tem dado a si tratamentos regulares, precisará de espaço e um tempo em silêncio para encontrar uma solução. Ao usar os Cinco Princípios do Reiki, você identificará as qualidades que precisará para superar as dificuldades pelas quais tem passado. Isso pode ser bastante desafiador, mas também muito recompensador. Se você continuar com os seus sucessos, aquelas qualidades positivas podem ser um verdadeiro refúgio quando se deparar com desafios futuros.

Uma vez identificados os princípios mais aplicáveis à nossa situação, podemos transformar os Cinco Princípios do Reiki nas Cinco *Intenções* do Reiki:

Hoje estou em paz.
Hoje estou relaxado.
Hoje estou grato.
Hoje eu trabalho duro (prática meditativa/espiritual).
Hoje eu sou gentil com os outros.

Use as Cinco Intenções do Reiki para as questões com as quais lida da mesma forma com que estabeleceria as intenções normais. Se quiser desenvolver uma intenção em particular, é aconselhável meditar sobre ela diariamente (como explicado mais adiante, no Capítulo 9). Também use as cinco intenções como "gatilho". Quando, inesperadamente, se deparar com uma situação difícil que desafia a sua paciência, lembre-se da intenção: "Apenas por hoje, eu estou em paz". Você estabeleceu essa intenção e familiarizou-se com ela durante a sua meditação regular, ou seções de Reiki, portanto, apenas lembrá-la lhe ajudará a ficar calmo, em paz e relaxado.

O Vento do Reiki

Cada princípio é aberto à interpretação pessoal, então, quando olhamos para ele, temos de ser sinceros quanto as nossas forças e fraquezas. Os princípios não estão lá para nos conter ou restringir; na realidade, o oposto é verdadeiro. Ao segui-los, nós desenvolvemos paz interior e contentamento crescentes, e tornamo-nos capazes de lidar com os problemas de forma positiva. Ao experimentar a essência desses princípios, vivemos em harmonia com o bem maior, o que aumenta as nossas habilidades de nos beneficiarmos do Reiki.

Se permitirmos que o Reiki toque a nossa vida dessa forma, podemos começar a espiral para cima em direção à saúde e ao bem-estar. Como um pássaro, podemos aprender a usar o vento do Reiki para nos alçar e nos ajudar a planar sem esforço rumo ao nosso destino, metaforicamente falando – apesar de haver escrituras budistas e védicas que falem de épocas anteriores, mais abertamente espirituais, nas quais não era incomum *yogis* com energias internas muito puras voarem quando fosse necessário. De fato, há registros de místicos ou santos cristãos conhecidos que flutuavam sobre o chão enquanto rezavam. Isso mostra uma relação clara entre oração e meditação sinceras; nossas energias internas e o desenvolver de uma consciência espiritual.

Aplicar os Cinco Princípios do Reiki ou Intenções em conjunto com tratamentos regulares em nós e nos outros, pode nos ajudar a aumentar nossa sabedoria, compaixão e força interior. Ao tentar desenvolver essas três qualidades raras e preciosas, viveremos naturalmente de acordo com o bem maior; a expansão da felicidade para todos.

Felicidade é apenas um estado mental. Com cada princípio, somos encorajados a desistir de um estado mental negativo em particular, que seja infeliz, e a cultivar a felicidade em seu lugar. A mensagem geral é muito simples:

Abandone a Infelicidade
Desenvolva a Felicidade

Desenvolvendo a Consciência

Livrar-se de hábitos negativos e aprender a desenvolver sensações e pensamentos positivos e genuínos sobre nós, nossas circunstâncias e sobre os outros, é a chave para a felicidade duradoura. É necessário prática para desenvolver uma consciência do dia a dia, para reorganizar nossos pensamentos, em vez de sermos carregados pela onda infinita de preocupações, distrações e emoções. Parar e examinar nosso pensamento por meio da prática de consciência, meditação e Reiki diários são os primeiros passos em direção à liberdade real.

A consciência, até um certo ponto, desenvolve-se sem esforços por meio do autotratamento. Nossas energias internas tornam-se claramente mais consistentes e estáveis; consequentemente, os estados mentais que "correm" sobre essas energias tornam-se mais puros e positivos. Tornamo-nos mais autoconscientes e menos autocentrados. Apesar desse processo ser natural e gradual, podemos acelerar nosso progresso *desenvolvendo consciência*. O espaço e a paz que isso cria na mente são as bases sobre as quais podemos construir a felicidade duradoura ao aprender a desenvolver e confiar nos nossos recursos internos de sabedoria, compaixão e força interior. Se estivermos determinados a encontrar uma solução duradoura para os problemas da vida, aqui está uma oportunidade! Se quisermos estudar e praticar esse caminho para a completude, devemos consultar alguém que o conheça bem e o ensine de forma simples e clara.

Pensamentos sobre os Cinco Princípios/Intenções do Reiki

É aconselhável tomar nota do que você entende de cada princípio. Mantenha um caderno de anotações regularmente atualizado e consulte-o. Isso aprofunda e elucida a sua consciência, registra o seu progresso e salienta possíveis áreas a serem melhoradas.

Como você se relaciona com cada princípio, e o que eles lhe comunicam? Quais são particularmente desafiadores e quais situações ou pessoas vêm à mente com eles? Meditação regular, sobre um princípio em particular, e autotratamento, com a intenção do Reiki apropriada, são as melhores formas de desenvolver a qualidade da qual precisamos para transformar nossas questões pessoais (ver "Meditações sobre Os Cinco Princípios do Reiki", Capítulo 9). Aqui há algumas reflexões e ideias a respeito de cada um dos princípios que nos podem ser úteis. Cada um dos princípios originais do Reiki é seguido pela versão moderna ocidental – entre parênteses –, e a intenção do Reiki apropriada em itálico.

Não Tenha Raiva Hoje (Apenas por hoje, não tenha raiva)

Intenção do Reiki: *Hoje eu estou em paz*

Qual é o antídoto para a raiva? Simplesmente, paciência. É fácil ver a paciência como um mero "ranger de dentes e suportar", no entanto, a mente verdadeiramente paciente é capaz de aceitar circunstâncias difíceis enquanto se mantém em paz e feliz. Dependendo das circunstâncias, isso pode não parecer fácil, principalmente porque achamos que o nosso julgamento sobre as ações "erradas" dos outros é justificável. Independentemente do quanto justificável achemos, se repararmos, raiva ou irritação são estados mentais *desconfortáveis*. Se fomos machucados por alguém, por que nos machucamos ainda mais ao sentir a dor da *raiva*? Temos uma escolha. Certamente, o senso comum nos diz que devemos desenvolver o estado mental que ajudará a dor a curar mais facilmente. Se você queima a sua mão, imediatamente a coloca sob água *fria*, não *quente*! Desenvolver raiva geralmente traz mais conflito. Paciência e compreensão podem efetivamente dispersar o confronto e promover o entendimento.

Ao sermos pacientes não significa que devemos *suprimir* a raiva. Isso apenas leva ao ressentimento, amargura e doenças físicas no futuro. Paciência e perdão são o meio do caminho para a cura entre os extremos da supressão ou concessão da raiva e de outras emoções negativas fortes. A prática da paciência é um processo de transformação profunda. Ela cria uma mente estável e pacífica, permite-nos liberar a negatividade conforme surge em nossa mente sem que nos percamos em pensamentos e emoções relacionados. A paciência também nos provê o espaço e a clareza para julgar nossa responsividade às situações desafiadoras com sabedoria, justiça e honestidade.

Ser paciente significa aceitar com vontade e transformar as situações desagradáveis, ou dificuldades, no caminho em direção à felicidade pessoal e ao contentamento interior. Uma vez naquele caminho, seremos capazes de beneficiar aos outros. Normalmente, deveríamos evitar qualquer irritação, mas com determinação sutil e regular, podemos usar essas oportunidades para, gradualmente, aprender a relaxar, aceitar e, eventualmente, dar as boas-vindas à chance de praticar o desenvolvimento de uma mente pacífica em situações de "provação". Além disso, podemos, rápida e diretamente, purificar o carma negativo (resultado de nossas ações negativas anteriores), que tem causado o surgimento das circunstâncias desagradáveis, e lembrar que isso pode nos ajudar a manter uma paciência pacífica!

A raiva é a força mais danosa e destrutiva conhecida pelo homem. Temos de ser vigilantes e nunca permitir que sejamos controlados por ela. Quando estamos sob sua influência, facilmente perdemos o controle dos nossos pensamentos e ações; dizemos e fazemos coisas das quais nos arrependemos no futuro. Assim como um incêndio em uma floresta começa com uma pequena faísca, uma raiva violenta pode facilmente desenvolver-se em uma mente que logo fica frustrada, ou impaciente, com pequenos problemas. A raiva, nossa pior inimiga, nos coloca em situações problemáticas, e o orgulho nos mantém lá! Nós só podemos ter raiva *da nossa* raiva.

Não Se Preocupe Hoje (Apenas por hoje, não se preocupe)

Intenção do Reiki: *Hoje estou relaxado*

Alguma vez a preocupação resolveu algum problema? A maior parte da nossa vida é cheia de preocupações, algumas menores do dia a dia, outras mais profundas, ansiedades longas sobre saúde, carreira e relacionamentos, por exemplo. Muitas pessoas passaram por acontecimentos difíceis na vidas e carregam dor ou culpa. Mas muitos desses problemas estão além de nosso controle imediato. O futuro é incerto e dificilmente acontecerá como esperamos. Muito de nossa atenção e energias é perdido enquanto carregamos o *peso* do passado e nos preocupamos com um futuro incerto – tanto é que perdemos o *presente*!

Ao aprender a aceitar as coisas que aconteceram conosco, seja qual for a dor, podemos libertar-nos do passado. Ao nos contentarmos com nossa vida como ela é, evitamos a insatisfação no presente e a ansiedade quanto ao futuro. Tais pensamentos simples criam um sentimento de paz e liberdade na mente e – se profundamente sentidos – nos permitem relaxar e aproveitar a vida ao máximo. Um mestre budista uma vez disse: "Não creio que seja possível ficar muito relaxado já que a preguiça não é considerada relaxamento!". Quanto mais relaxados e contentes estivermos, mais próximos estaremos da nossa natureza verdadeira – onde não existe o mínimo "estresse".

Você deve perguntar-se o quanto é necessário preocupar-se com os problemas dos outros. Isso realmente os *ajuda*? Ou, na verdade, em um nível sutil, reduz as suas habilidades de se *autoajudarem*? Ter confiança genuína na habilidade dos outros de superar adversidades é mais benéfico que a preocupação. É claro que podemos ficar profundamente preocupados com o bem-estar alheio, isso nos motivará a ajudar da forma que pudermos. O interesse é um estado mental benéfico para ativar a generosidade. A preocupação apenas nos leva a circularidades negativas e autoabsorventes.

Cultivando a Compaixão

O que é a compaixão? Segundo o budismo, a compaixão é a vontade de aliviar o sofrimento dos outros, protegê-los de sofrimentos futuros da forma mais sábia e agir sobre aquele desejo. Esse desejo básico é a nossa natureza Buda e é a fonte de muitas realizações espirituais. A compaixão é uma ação sábia do corpo, fala e mente que emerge da empatia ou da compreensão dos problemas dos outros. É um estado mental muito poderoso, ativo, propositado e profundamente preenchedor – muito distante da preocupação! De fato, podemos ver a compaixão como oposto, ou antídoto da preocupação.

A preocupação gera uma mente desconfortável, autocentrada e egocêntrica, que restringe o fluir livre de uma energia de força vital saudável, trazendo mais problemas no futuro. A compaixão, por outro lado, é um estado mental amplo, expansivo, feliz, doador e profundamente pacífico, que cria um fluxo sem fronteiras e sem esforços de energia positiva. Se, gradualmente e regularmente, tentarmos aumentar nossa compaixão, ao contemplar as dificuldades e os perigos que todos os seres vivos enfrentam, então, firmemente, resolveremos ajudar aos outros da forma que pudermos. Eventualmente, seremos capazes de, de forma direita, liberar e proteger os outros contra o sofrimento. Esse é o poder da compaixão e a natureza do Reiki.

Seja Grato Hoje (Mostre gratidão a cada ser vivo)

Intenção do Reiki: *Hoje eu sou grato*

Cada pessoa vê o mundo externo sob uma luz diferente. Nosso ambiente parece mudar de acordo com o nosso estado mental. Se tivermos raiva por algum motivo, independentemente de quão belo seja nosso entorno, ou de quão gentis são as pessoas, seremos infelizes. No entanto, se tivermos gratidão, o mundo parecerá um lugar mais fácil de viver, mesmo se as circunstâncias forem difíceis. É claro que o nosso mundo externo não mudou, mas sim a nossa mente. Entender isso é a chave para uma felicidade duradoura.

Desenvolver um sentimento de gratidão pelos outros e pelo mundo no qual você vive é como desenvolver um verdadeiro tesouro em sua própria mente. Isso a mantém leve e positiva, prevenindo a depressão e a perda de esperança, se as condições externas tornarem-se difíceis. Um "problema" é apenas um conjunto de circunstâncias vistas por uma mente negativa. Se reduzirmos nossa capacidade de tornarmo-nos negativos aumentando nosso senso de gratidão, reduziremos nossos problemas! Gratidão é uma mente de "doação". Quando apreciamos e valorizamos nós e nossa vida, amamos e apreciamos os outros também.

Contar nossas dádivas em vez de meditar sobre nossos problemas cria contentamento. Familiarizar nossa mente com o contentamento nos ajuda a estarmos relaxados e em paz conosco em meio às sortes mutáveis da vida. Praticar o contentamento corta muito de nossos problemas diários pela raiz, este ato é o antídoto da necessidade que sentimos pelas coisas as quais somos apegados em nome de nossa felicidade e a tentativa de evitar o que não gostamos. Esse é um caminho silencioso, mas muito poderoso e sábio, para a felicidade.

Trabalhe Duro Hoje – Prática Espiritual (Ganhe seu pão honestamente)

Intenção do Reiki: *Hoje eu trabalho duro*

A prática essencial de todas as religiões é o desenvolvimento de compaixão. Não há nada mais positivamente poderoso do que a compaixão guiada pela sabedoria. Uma mente sábia tem consciência de que, para preencher nossas esperanças de compaixão para o bem-estar dos outros, devemos efetivar nosso potencial total como seres espirituais. Se nosso desejo for forte o suficiente e tivermos as condições, os métodos, instrução e guia corretos, podemos atingi-lo em uma vida. É dito que é mais fácil conseguir iluminação total durante uma vida humana do que conseguir um renascimento humano! Não há duvida de que nós, no momento, temos uma oportunidade muito especial.

Então, esse princípio salienta, principalmente, o valor da vida e nos pede para avaliar nossas prioridades antes que seja tarde. Não sabemos quanto tempo temos; muitos jovens morrem antes de seus pais. Nós raramente pensamos ou consideramos a morte como uma possibilidade diária. Mesmo no dia de nossa morte, é difícil que pensemos: "Pode ser que eu morra hoje, como posso aproveitar ao máximo o tempo que me resta?". Então, não há dúvida de que somos muito complacentes com a morte, nós todos pensamos que estaremos aqui amanhã, mas muitas pessoas não estarão. Tudo o que temos é o *agora*, devemos nos lembrar disso toda manhã, se acordarmos! Talvez seja por isso que todos os Princípios do Reiki terminam com a palavra *hoje*; a consciência da morte como possibilidade diária concentra a mente e nos ajuda a ver, claramente, a importância de agir hoje para mudar para melhor e usar nossa vida sabiamente. Acorde, entenda o valor da vida, antes que a morte venha até você. Então, quando a morte chegar, você estará contente e bem preparado.

Talvez ignoremos a morte porque ela nos deixa desconfortáveis ou assustados, mas se não estivermos preparados, ela será, de certa forma, um grande choque e uma experiência muito estressante. Então, no momento da morte, nos sentiremos perdidos e sós, ou não saberemos o que fazer, ou a quem nos dirigir para pedir ajuda. Ter uma prática espiritual diária sincera, aproveitar a vida ao máximo, obter refúgio em um relacionamento sincero com Deus, Buda, Alá e ter nossa própria natureza elevada, ou qualquer forma de percepção do bem maior, são as melhores formas de levar uma vida cheia de sentido e de nos prepararmos para a morte e para a próxima vida. Dr. Usui sabia da importância disso e deve tê-lo ensinado a seus alunos como parte da prática do Reiki.

A versão ocidental desse princípio, "ganhe seu pão honestamente", parece simples diante disso. A maior parte das pessoas parece ganhar a vida "honestamente", mas se olharmos por outra perspectiva, vemos que muitas delas, frequentemente, são desonestas consigo e com os outros.

Dr. Usui percebeu que um dos motivos pelos quais seu trabalho com o Reiki não teve o sucesso que deveria era a falta de esforço ou a intenção fraca dos alunos para se autoajudarem. A preguiça ou a não inserção em nossa sociedade ou na família, ou em nossos relacionamentos, são exaustivas para os outros e autodestrutivas. Precisamos de sinceridade e clareza para ver essa forma sutil de egoísmo. Ganhar sua vida honestamente e viver com integridade e justiça é um ato de doação, principalmente se essa for nossa intenção consciente. Faça a si uma pergunta simples: "Sou um doador ou um receptor?". Um doador também é capaz de "receber" quando necessita, em vez de "tomar". Receber pode ser um ato de doação, se nossa motivação for beneficiar aos outros.

Ao ganhar nossa vida ou, em outros aspectos, se nos esforçarmos para seguir nosso coração e não a multidão, então viveremos honesta e justamente. Essa pode não ser a rota mais segura e, inicialmente, podemos não ter o apoio dos outros. No entanto, se esse for o nosso caminho verdadeiro, muitas pessoas se beneficiarão de nossa honestidade e coragem. Vamos, naturalmente, atrair as condições certas para que esse caminho progrida com sucesso, e como gostamos do que fazemos, despender um esforço para progredir não parecerá tão difícil.

Viver nossa vida honestamente, e sem decepção, é um caminho para a verdade. Ser abertos e honestos quanto às nossas fraquezas nos ajuda a tornarmo-nos mais fortes. Quando, por meio da honestidade, começamos a conhecer nossa própria mente, então nos tornamos mais capazes de ajudar os outros a receber os mesmos benefícios para eles. As qualidades da honestidade, autoconsciência crescente e do desejo de ajudar aos outros formam as bases para a sabedoria completa. Experimentar essas realizações, naturalmente, nos trará paz e felicidade duradouras e nos permitirá dividir a felicidade com os outros.

Seja Gentil com os Outros Hoje (Honre seus pais, mestres e os mais velhos)

Intenção do Reiki: *Hoje eu sou gentil com os outros*

O budismo ensina que todas as boas coisas que experimentamos na vida são resultado de nossos pensamentos, palavras e ações sábias e boas, com os outros, em nossas vidas passadas. Todas as nossas experiências negativas, até as nossas irritações menores, são resultado de nossas ações não sábias, negativas e egoístas. Você pode ver como esse princípio é importante. Se pusermos o bem-estar dos outros no topo de nossa lista de prioridades, assim como se aproveitarmos o senso de preenchimento que isso traz, podemos ficar seguros de que a nossa bondade nos retornará como uma boa experiência similar no futuro. Então, será mais fácil desenvolver mentes com compaixão, positivas e sábias. Se tendemos a colocar nosso bem-estar em primeiro lugar, encontraremos muitos problemas exteriores e interiores no futuro. Claro que ser gentil com os outros não significa que devemos ser insensíveis conosco! Sentimentos de culpa, inutilidade e comiseração são pensamentos ou ações tão danosos quanto negativos para os outros.

Se sua atenção estiver regularmente voltada a ajudar aos outros, você, gradualmente, reduzirá seu sentimento de autoimportância, seu senso de *Eu* ou seu egocentrismo. Isso o torna naturalmente mais relaxado, contente, apaziguado e feliz. Hawayo Takata disse uma vez: "Sem Eu – quero apenas que vocês encontrem saúde, felicidade e segurança". Isso pode parecer estranho, e a princípio podemos pensar: claro, se eu reduzir meu senso de *Eu*, ou se não existe *Eu*, como posso ser feliz?

Para realmente entender essa visão aparentemente conflitante, temos de mediar e estudar os ensinamentos autênticos que Buda deu sobre esse método especial para encontrar a felicidade duradoura. Rapidamente, podemos pensar assim: a mente, ou consciência, não tem *Eu*, não tem senso de identidade; não há um *Eu* real. A verdadeira natureza da mente é simplesmente a consciência, cognição ou sabedoria pura e clara. O senso de *Eu* que experimentamos quando pensamos ou sentimos não tem base real para a existência, é apenas um forte hábito de pensamento e sentimento conceituais que carregamos conosco e desenvolvemos por toda uma vida, até a próxima. Podemos ver esse *Eu* como miragem mais claramente quando estamos envergonhados, insatisfeitos, exultantes ou em êxtase.

No entanto, se tentarmos seriamente olhar para o *Eu real* durante a meditação, não conseguiremos encontrá-lo! Não está nem no corpo, nem na mente e, obviamente, em nenhum outro lugar. Também, se pudermos observar, experimentar ou testemunhar nosso *Eu óbvio*, isso talvez ocorra porque estamos envergonhados ou com ciúmes; como pode o observador ser nós mesmos? Nesse momento é apenas como qualquer outro objeto externo que a nossa mente compreende, e como explicado antes, todos os objetos, como todos os fenômenos, independentemente de quão reais pareçam, são apenas projeções da mente, como um sonho.

Todas as nossas ações e reações negativas egoístas são motivadas pela necessidade de proteger ou satisfazer nosso forte senso de *Eu*. Sempre fazemos coisas para benefício dessa aparição inexistente e onírica do "si mesmo". Na verdade, se pensarmos claramente, veremos que todas as piores coisas que a humanidade fez, todas as guerras, atrocidades e o abuso dos outros, foram para satisfazer o *Eu autocentrado*. Não temos de nos preocupar se não aceitamos ou não entendemos essas linhas de raciocínio. Apenas precisamos ver que, ao reduzir nosso senso da autoimportância excessiva e ao abrir nosso coração e aumentar nossa consideração pelos outros, encontraremos felicidade duradoura e preenchimento. Então, se nossa intenção for forte, muitas oportunidades de ajudar aos outros virão naturalmente.

A versão ocidental desse princípio: "Honre seus pais, mestres e os mais velhos", vem, naturalmente, para muitas pessoas da Ásia, onde a sabedoria e experiência das pessoas com mais idade são muito valorizadas e respeitadas. Geralmente, não consideramos as boas qualidades e gentilezas de outros e nos concentramos mais em suas falhas. Isso só deixa ressentimento com o passado e insatisfação com o presente. Nessas condições, estaremos sem poder para mudar qualquer coisa para melhor. Mesmo se tivemos uma infância infeliz, nossos pais ainda criaram, nutriram e protegeram nossa vida, todos os dias, da melhor forma que podiam. Eles nos deram abrigo, comida, roupas e nos ensinaram muitas habilidades importantes que ainda usamos diariamente. Sem nossos pais, nunca teríamos sido capazes de aprender, praticar e ler sobre o Reiki ou nenhum outro caminho de cura. Onde estaríamos agora sem a sua paciência e seu cuidado?

Honrar alguém não é colocá-lo no pedestal, ou diminuir nossa autoestima. É ser grato, respeitoso e reconhecer suas boas qualidades. As pessoas mais velhas têm mais experiência e podem nos ensinar muito se estivermos preparados para escutar com atenção e abrir espaço para novas ideias entre nossas opiniões e nosso orgulho. O orgulho pode nos distanciar do novo crescimento; se julgamos que sempre estamos certos, então estamos sempre errados! A honestidade conosco nos dá humildade, permitindo-nos mudar e crescer. Então, todos tornam-se nossos mestres, e toda situação é uma oportunidade de aprendizado. Podemos até considerar crianças e animais como mestres; sua sinceridade descomplicada e abertura naturais podem ser uma influência muito positiva.

Ao honrar e respeitar todas as formas de vida, nós reconhecemos e nutrimos seu potencial individual de se tornar "tudo o que elas podem ser". No budismo, é dito que, nas profundezas da mente, todos os seres vivos possuem a "Natureza Buda": o potencial para alcançar um renascimento afortunado e trabalhar em direção à iluminação total para benefício de todos. Novamente, ao reconhecer, respeitar e encorajar esse potencial nos outros, criamos as causas para que nossas próprias boas qualidades se desenvolvam e, eventualmente, tornem-se completas.

Riqueza Interior Infinita

A prática dos Cinco Princípios do Reiki é uma verdadeira causa da felicidade algo que traz mais felicidade quanto mais a praticamos, ou quanto mais a temos.

Mais dinheiro, carros, relacionamentos, ou seja lá o que for, apenas trazem felicidade temporária. Se isso não fosse verdade, todas as pessoas ricas seriam muito felizes, e quanto mais riquezas acumulassem, mais felizes se tornariam! A felicidade é simplesmente um estado de espírito, uma qualidade interior.

A felicidade não depende de fatores externos, e não existe fora da mente, ou separada dela. Apesar de alguns fatores externos, como relacionamentos, boa comida, ou música, parecerem fazer com que a felicidade surgia na mente, não podemos dizer que são uma fonte verdadeira de felicidade. Se fossem, sempre fariam com que experimentássemos o mesmo nível de felicidade. No entanto, sabemos que isso não é verdade. Às vezes, quando nos sentimos profundamente infelizes, nenhum fator externo pode nos tornar felizes. Também sabemos que, às vezes, a felicidade simplesmente surge na mente sem motivo aparente. Em outras situações, apenas nos sentimos felizes, e isso mostra que não precisamos, necessariamente, de coisas para nos fazer felizes. Ao aprender a entender e controlar os níveis profundos de nossa mente, podemos decidir por nós mesmos o quão felizes queremos estar, independentemente das circunstâncias externas.

Quanto mais desenvolvermos nossa felicidade interna ao praticar os princípios do Reiki, ou outros ensinamentos espirituais, mais felizes e contentes ficaremos. Podemos ter conosco essa *riqueza interior* até quando morrermos! Desenvolver nossas qualidades interiores, dessa maneira, é a forma mais poderosa e significativa de usar o Reiki.

8

A Natureza da Doença

Essencialmente, qualquer doença, ou infelicidade, é resultado de alguma desarmonia no corpo, na mente ou no ambiente. No entanto, não é fácil estabelecer a causa original de um problema particular. Após estudar o budismo, dr. Usui entendeu que a raiz de todos os problemas, maiores ou menores, são as ações negativas anteriores do corpo, da fala e da mente que retornam a nós como doença, pobreza, ignorância ou qualquer outro tipo de experiência desagradável.

O karma pode ser diretamente traduzido por "ação", ou algo que criamos intencional, verbal, mental ou fisicamente, e suas leis nos ensinam que tudo o que criamos retorna a nós mais cedo ou mais tarde , tal qual um bumerangue! Essas ações negativas podem ter sido realizadas há muitas vidas e pode ser que estejamos experimentando suas repercussões apenas agora.

Podemos pensar que nunca cometeríamos ações negativas graves, como machucar os outros, mas, em cada uma de nossas vidas passadas, éramos quase totalmente diferentes do que somos hoje. Se fosse possível encontrar a "nós mesmos" nas vidas passadas, não nos reconheceríamos de forma alguma. Seria como encontrar um desconhecido.

O budismo sugere que, em cada vida, nascemos novos, na superfície temos corpos e personalidades totalmente diferentes, no entanto, nas profundezas de nossa mente sutil, de nossa alma, ou de nosso *eu elevado*, carregamos as memórias, tendências e impressões de todas as nossas vidas passadas e de todas as ações do corpo, da fala e da mente que realizamos. Quando as condições estiverem certas, essas ações retornarão a nós como experiências positivas ou negativas, dependendo de se foram bem-intencionadas e benéficas ou o contrário. Segundo o budismo (como explicado no Capítulo 5), para prevenir e curar doenças futuras, devemos remover a raiz, ou "sementes", de nossas ações negativas passadas de dentro de nossa mente, antes que elas amadureçam na forma de experiências desagradáveis. Se julgamos essas ideias difíceis de aceitar, há outras formas de compreender as causas aparentes da doença.

O Desejo de Mudar

Não devemos tentar evitar os problemas, mas buscar a compreensão de suas origens e, portanto, chegar a uma solução duradoura. Não temos de aceitar os problemas; há sempre muitas coisas que podemos fazer para melhorar a qualidade de nossa vida, independentemente de nossa saúde ou riqueza. Simplesmente ao adotar um estado mental positivo, exercitamos nosso poder de aproveitar a vida; podemos alcançar isso imediatamente. Não se leva semanas ou meses para aprender; a cada momento, temos o poder de mudar nossa vida para sempre.

Tudo o que você é hoje é o que criou consciente e subconscientemente em resposta a suas circunstâncias e experiências desde o dia em que nasceu. Com o nascimento, você traz as tendências mentais, emocionais e físicas gerais (e específicas) junto com os hábitos do corpo, fala e mente, que você desenvolveu nas vidas anteriores. Isso explica por que as crianças de uma mesma família têm tanta personalidade desde o nascimento, e até mesmo dentro do útero.

No entanto, mesmo características profundamente enraizadas e aparentemente naturais não são permanentes e podem ser alteradas com uma intenção sincera e forte. Isso pode parecer psicologia pura e simples, mas por que complicar? Qualquer que seja a sua personalidade ou situação, tudo de que precisa é uma intenção para mudar para melhor, um desejo de aprender e uma mente feliz e relaxada!

Reflexos da Mente

Buda explica a criação do mundo externo físico como simples projeção e reflexo da mente. O mundo que habitamos é uma projeção mental com a qual nos familiarizamos tanto que parece real, sólida e permanente em quase todas as formas, talvez como um sonho muito vívido ou recorrente, o qual temos todas as manhãs quando acordamos! Sabemos, por experiência, que os sonhos podem ser muito reais. Em sonho, podemos tocar objetos sólidos, conversar, trabalhar, viajar de férias ou fazer qualquer outra coisa que podemos fazer na vida real. Essas experiências podem nos parecer tão verdadeiras que apenas sabemos que se tratava de um sonho quando acordamos. Em sonho, podemos até perguntar aos outros: "Isto é um sonho?". E podem nos responder: "É claro que não, não seja bobo", como fariam em qualquer situação da vida real.

Quando acordamos, para onde foram esses objetos, ambientes e experiências vívidas e pessoas oníricas, aparentemente sólidos? Sabemos que eles nunca existiram do modo que apareceram, eram simples projeções da mente. A maior parte das pessoas não acredita que esse pode ser o caso no mundo real, porque parece tão real! É por isso que pode ser tão doloroso viver nesse lugar e, também, porque estamos muito apegados a coisas que parecem oferecer algum alívio para o potencial de infelicidade sempre presente.

Ao desenvolver nossa mente sábia, seja por meio da meditação, oração ou Reiki, podemos desenvolver a clareza de consciência para furar o véu da ilusão onírica, que é a raiz de todos os nossos problemas – inclusive a doença. Essa consciência errônea provoca ações ou karmas negativos de corpo e alma como resposta a um mundo aparentemente real ou importante. Quando esse carma negativo amadurece, ele nos mantém ligados ao ciclo de ignorância, à ações erradas e infelicidade subsequente, até que encontremos a oportunidade rara de despertar, isto é, até que estejamos em um caminho espiritual autêntico e completo.

Sintomas Sutis de Grandes Problemas

Nosso corpo, ambiente, relacionamentos, trabalho e posses são os reflexos de uma mente bruta, sutil e muito sutil. Objetos brutos, tais quais formas sólidas do cotidiano, pessoas, relacionamentos e ambientes são como reflexos de nossa *mente bruta*. Objetos sutis, como aqueles dos sonhos, são como reflexos de nossa *mente sutil*; e objetos muito sutis, que são impossíveis de perceber pela a maior parte das pessoas, são reflexos de nossa *mente muito sutil*. Podemos interpretar a mente sutil, ou muito sutil como o subconsciente ou aquela parte de nossa mente que não conseguimos controlar conscientemente, que não conhecemos de forma clara. Desde nossa infância, fomos ensinados a viver em resposta ao mundo real exterior. Não somos geralmente familiarizados, ou conscientes, de nossa natureza interior e dos problemas e potenciais que nele residem. Não podemos evitar a projeção de nossas faltas e imperfeições no mundo externo. Fazemos isso de forma tão completa que não temos percepção de nossa natureza real.

Se você tem problemas com saúde, dinheiro, amizade ou qualquer outra coisa, isso é como um sino soando: uma mensagem simbólica de que alguma parte de nós, internamente – mental, emocional ou espiritualmente –, precisa de atenção. Isso pode parecer fora do comum, mas, com experiência, começamos a ver com clareza que as nossas faltas ou imperfeições são constantemente refletidas em nós pelo nosso corpo, pelo ambiente e por nossas experiências cotidianas. A maioria das pessoas aceita que, com o tempo, se suprimirmos ou exacerbarmos pensamentos ou emoções negativos, podemos vir a desenvolver problemas físicos de saúde ou vícios danosos. Pergunte-se: estou infeliz com o quê? Quais problemas eu tenho no momento? Você pode ser capaz de traçar essas externalizações a algum aspecto de sua natureza interior que não está totalmente desenvolvido ou em harmonia com o todo?

Por exemplo, quando as pessoas se sentem sós, elas se voltam para a comida, a bebida, os cigarros, as compras ou os relacionamentos superficiais. Consequentemente, se temos problemas ou vícios nessas áreas, pode ser porque estamos solitários? Se pudermos identificar a causa emocional e mental verdadeira para o problema externo, estamos a meio caminho de solucionar a questão. A outra metade da resposta é desenvolver um real desejo de mudança, reestabelecer e reconstruir, ou desenvolver, aquela nossa parte interior que perdemos ou abandonamos, e que, no momento, temos tentado substituir com apoio e conforto externos.

No caso da solidão, podemos tentar liberar o desejo de receber felicidade dos outros ou objetos externos ao desenvolver um sentido interno de autoaceitação. Contentamento e, eventualmente, uma paz profunda e alegria virão, o que não significa abandonar relacionamentos ou outros prazeres físicos. Na realidade, liberar essa necessidade nos permite aproveitá-las muito; nossos relacionamentos tornam-se mais claros, mais saudáveis e mais recompensadores. Pode levar tempo para liberar nossos hábitos antigos, para criar e sentir um contentamento profundo, mas isso pode ser feito se nosso desejo de mudança tornar-se consistentemente mais forte que nossas crenças e hábitos negativos. O Reiki pode nos ajudar muito nesse caminho interior.

Outros Sintomas Simbólicos

Em um nível menos óbvio, problemas de saúde específicos podem estar relacionados à causas específicas na mente. Por exemplo, usamos nossos ombros para carregar pesos. Problemas nos ombros, portanto, problemas nessa área podem se relacionar a carregar muita responsabilidade ou, por outro lado, indicar responsabilidade insuficiente. Também, o pescoço é muito flexível e nos permite olhar para muitas direções, então, problemas dessa região podem estar relacionados à rigidez, ou ao se abrir muito facilmente aos outros. Usamos nossos olhos para ver aonde vamos, então os problemas neles podem estar relacionados a não querer ver a verdade, ou à tentativa de controlar tudo. Usamos nossas pernas para seguir adiante na vida, então problemas nas pernas podem estar relacionados a querer permanecer em uma mesma situação, talvez porque nos pareça segura, ou porque temos feito muito esforço para alcançar coisas erradas.

Podemos aplicar essa linha de pensamento a qualquer problema de saúde. Apenas pense: "O que este problema diz sobre mim?", "O que essa questão representa simbolicamente?". Geralmente, há dois extremos e um meio do caminho saudável. Se sentarmos e pensarmos sobre isso silenciosa e honestamente, a resposta em geral virá facilmente. Conhecemos a nós mesmos melhor do que pensamos! Não complique; apenas mantenha a mente aberta e lembre-se de que todas as respostas estão dentro de você. Se não se sente pronto ou capaz de mudar, talvez não precise. Você decide!

Podemos até aplicar essa sabedoria a objetos inanimados, por exemplo, se a bateria de seu carro descarregar, pense, você precisa de mais tempo para descansar e recarregar? Se a porta da frente de sua casa emperra, você tem dificuldade de deixar as pessoas entrarem em sua vida, ou você é muito aberto e acomodado? Se você tem um cano que estoura, ou uma lâmpada queima, você está sob muita pressão ou sempre tenta evitar situações estressantes por uma vida pacata? Isso tudo parece ser um pouco inverossímil, mas, com prática, podemos desenvolver a sabedoria de vermo-nos em todos os lugares e de usar cada situação como oportunidade de aprender sobre nossa natureza interior através de seu reflexo no mundo externo. Obviamente, essa forma de ver o mundo também pode nos dizer o que fazemos corretamente! Então, se geralmente estamos contentes e atraímos boas situações ou relacionamentos positivos, quer dizer que nos movemos para a direção certa.

Lidando com o Karma Acumulado

Pode ser difícil, desafiador e, eventualmente, doloroso enfrentar a raiz de nossos problemas, principalmente quando parece que uma resposta mais fácil pode ser encontrada no mundo externo. No entanto, soluções duradouras para nossos problemas só podem ser alcançadas voltando-se para dentro, mudando e curando a mente. Se pudermos nos familiarizar com esse caminho interior, veremos nossos problemas diminuírem gradualmente. Eles podem ser substituídos pela consciência de uma profunda e contínua fonte de felicidade dentro de nós. Isso vai, naturalmente, tornar o nosso mundo exterior mais agradável, significativo e harmônico.

Às vezes, independentemente de quão positivos somos, de quanto tentamos, ou de quanto Reiki ou outras terapias recebamos, não podemos melhorar nossa saúde ou resolver outras questões sérias que podem tornar nossa vida desagradável. Infelizmente, esse é um fato da vida, do qual estamos cientes. Buda diz que tivemos incontáveis vidas passadas e que a quantidade de karma que acumulamos é quase sem fronteiras. Às vezes, alguns efeitos de nossos karmas negativos aparecem de forma tão inacreditavelmente forte, profunda e persistente, que podemos não ser capazes de purificá-lo ou de escapar de seus efeitos nesta vida. Ser realista, em vez de negativo, pode ajudar-nos a aceitar e viver com as limitações. Também, como mencionado anteriormente, aceitar os infortúnios que atravessam nosso caminho com uma mente apaziguada e positiva, pode fazer-nos aprender, gradualmente, a aproveitar a vida de uma maneira mais completa e, ao mesmo tempo, mais natural e rápida, para purificar nosso karma negativo, eventualmente, nos libertando dele.

Há algumas práticas meditativas avançadas, porém simples, do budismo, que podem purificar até o karma mais negativo em uma vida. Procure os ensinamentos e conselhos de um mestre qualificado para praticar essas técnicas.

As Doze Posições de Mão do Reiki

A seguir, há um guia geral das áreas físicas, mentais e emocionais cobertas por cada uma das posições de mão do Reiki. Um tratamento completo cobrirá, naturalmente, todas as áreas do corpo e da mente, e a sabedoria de cura do Reiki concentrará a energia nas áreas que mais necessitam dela. Não é necessário lembrar de todas as informações relacionadas a cada posição de mão; apenas use-as como referência se quiser ter um papel mais ativo no direcionamento do Reiki para onde ele é mais necessário.

Esse guia é especialmente útil se você, ou a pessoa de quem está tratando, quiser entender os aspectos emocionais e mentais de uma doença ou problema em particular. Se você tratar mais alguém, pode ser uma boa ideia usar essas informações junto com a varredura do corpo (veja o Capítulo 6) e, claro, perguntar ao cliente sobre seu mal-estar.

Posições de Cabeça

Olhos

Físico: olhos, cérebro, glândulas pituitária e pineal, nariz e sinos. Diminui dores de cabeça.

Emocional: reduz estresse; ajuda a relaxar e acalma uma mente hiperativa; reduz emoções extremas.

Mental: melhora a clareza e qualidade do pensamento; espectro de atenção e concentração; aumenta a energia mental; ajuda na tomada de decisões e no desenvolvimento de confiança; desperta o "terceiro olho" e melhora a sabedoria intuitiva interior.

Têmporas

Físico: dores de cabeça, apreensões, choques, labirintite; equilibra os lados esquerdo e direito do cérebro e as respostas hormonais; problemas de visão e audição.

Emocional: estabiliza as emoções flutuantes; reduz a preocupação e depressão; equilibra aspectos masculinos e femininos do corpo e da mente; abre a mente para novas ideias, novos jeitos de pensar e ser.

Mental: cria calma e equilíbrio; traz clareza para os processos de pensamento; melhora a assimilação e compreensão de informações e a memória de curto prazo, a criatividade e espontaneidade; abre o chakra da coroa para criar uma ligação mais forte com uma consciência mais elevada; ajuda na tomada de decisões e no desenvolvimento de confiança; desperta o "terceiro olho" e melhora a sabedoria intuitiva interior.

Base do Crânio

Físico: todo o sistema nervoso, peso, coluna, alívio de dor, problemas de fala.

Emocional: relaxante, confortante e consolidador; melhora a memória de longo prazo e a habilidade de aceitar e liberar dificuldades passadas; alivia a depressão.

Mental: profundamente relaxante; ajuda a desligar e liberar preocupações; fortalece o corpo e a mente.

Pescoço e Garganta

Físico: problemas de fala, mandíbula, dentes, laringe, tireoide, sistema linfático, regula a pressão sanguínea.

Emocional: reduz e libera pensamentos e emoções suprimidas; melhora a confiança, libera a tensão; melhora a capacidade de comunicação e da honestidade e abertura.

Mental: traz calma e clareza de pensamento; pensamento flexível e a habilidade de ver o entorno e procurar novos horizontes; cria uma mente aberta e clara.

Coração

Físico: coração, pulmões, timo, sistema imunológico e circulação, asma e outras desordens brônquicas.

Emocional: alivia o estresse; aumenta a confiança, a coragem, a capacidade de sentir amor, alegria e compaixão.

Mental: o pensamento torna-se menos egoísta e mais motivado pelo desejo de beneficiar aos outros.

Plexo Solar

Físico: fígado, vesícula, estômago, baço, pâncreas, sistema nervoso, diabetes, digestão.

Emocional: libera medo e agressão; melhora o poder da autoexpressão e autodeterminação e a habilidade de aceitar e sentir grandes emoções sem se exaltar demais.

Mental: equilibra o pensar; torna-se mais centrado e menos facilmente influenciável ou distraído.

Umbigo

Físico: abdômen, intestinos, cólon, bexiga, alergias alimentares.

Emocional: equilibra os sentimentos sexuais, culpa, atração, obsessão, repulsa.

Mental: melhora a capacidade de "digerir" novas ideias e de pensar claramente, sem ser distraído por emoções fortes.

Virilha

Físico: sistema linfático, sistema urinário, intestinos, órgãos sexuais femininos e masculinos, constipação, diarreia, quadris.

Emocional: sentimento de segurança; prazer sexual; liberação de fortes emoções e comportamento repetitivo ou ofensivo.

Mental: melhora a energia, vitalidade, autoconsciência e o torna alerta; vontade de viver e aproveitar a vida ao máximo.

Posições das Costas (similares às frontais)

Ombros

Físico: parte baixa do pescoço e dos ombros, coração e pulmões, parte superior da coluna, lesões no pescoço.

Emocional: libera pesos emocionais e mentais fortes e questões que foram ignoradas.

Mental: ajuda a liberar a mente da bagagem emocional e mental e encarar questões e problemas do passado.

Plexo Solar

Físico: rins, glândulas adrenais, parte inferior dos pulmões, pâncreas, estômago, baço, meio da coluna.

Emocional: melhora a força física e psicológica e libera traumas e pesos do passado.

Mental: melhora a estabilidade mental e o poder do pensamento.

Parte Inferior das Costas

Físico: intestinos, bexiga, parte inferior da coluna.

Emocional: similar à posição frontal, e acima; também melhora a habilidade de relaxar; sentir e expressar fortes emoções e gozar de expressão sexual balanceada com amor e sem culpa.

Mental: melhora a aceitação, expressão e compreensão de emoções fortes.

Base da Coluna

Físico: parte inferior das costas, quadris, próstata, sistema reprodutivo masculino e feminino.

Emocional: liberação de padrões antigos de comportamento, abertura para novas ideias ou formas de ser; liberação de emoções acumuladas ou melhora da capacidade de experimentar facilmente e depois liberar respostas emocionais.

Mental: aumenta os poderes da mente e a habilidade de reagir positiva, criativa e instintivamente em situações difíceis ou de emergência.

As áreas cobertas pelas posições de mão que foram listadas são um guia geral feito a partir da experiência e do senso comum. Se você se sente capaz de tratar uma área em particular sem razão lógica, siga a sua intuição. Você terá 90% de chance de obter bons resultados, e cada vez que você o fizer, sua sabedoria intuitiva melhorará.

No entanto, nunca pense que essas intuições ou direcionamentos são a base para fazer um diagnóstico médico ou para tratar um problema sem a intervenção correta da medicina convencional. Assegure-se sempre de que a pessoa de quem está tratando é acompanhada por um médico, se for o caso. Se um cliente de Reiki recusar-se a visitar um médico, é melhor parar o tratamento até que um diagnóstico preciso seja feito.

9

Meditação Reiki

Podemos direcionar o Reiki para qualquer objetivo específico, ou apenas permitir que ele trabalhe pelo nosso bem maior, relaxando, confiando e permitindo que sua presença permeie nossa vida. Temos, ainda, a possibilidade de criar um balanceamento ao estabelecer intenções do Reiki conscientemente, enquanto estamos abertos para sua sabedoria e orientação. Dessa forma, aprenderemos com a experiência a melhor forma de usar o Reiki, como desenvolver um relacionamento mais próximo e aberto com ele e, gradualmente, estabelecer a forma como queremos ser praticantes que dão *vida* à prática.

Podemos usar algumas das técnicas seguintes para nos ajudar a aprofundar nossa prática de Reiki, aprender a relaxar mais facilmente e criar estados mentais positivos que, por sua vez, beneficiarão todos aqueles com quem entrarmos em contato, principalmente se esta for nossa intenção consciente.

Aproveitando o Relaxamento do Reiki

A meditação pode ser feita na posição sentada ou deitada, e combinada com algumas (ou todas) das doze posições do Reiki; uma música relaxante pode ajudar. Se você tiver apenas quinze ou vinte minutos, escolha uma posição da cabeça, uma frontal, uma posição de costas, talvez a da parte posterior da cabeça, do coração e parte inferior das costas, virilha ou região das pernas.

Comece fazendo uma intenção de Reiki consciente para relaxar seu corpo e sua mente completamente, e para receber qualquer cura de que precisar durante o tempo que tiver disponível. Também estabeleça intenções específicas para você e para os outros. Respire profundamente algumas vezes e sente-se em uma posição confortável, deixando de lado qualquer coisa que tenha em mente. Esse é o seu momento de relaxamento, e não pode haver nada que lhe distraia.

Traga sua atenção aos seus dedos dos pés, tente "encontrar" qualquer tensão ali e libere-a. No começo, é aconselhável tencioná-los e soltá-los. Você deve gradualmente familiarizar-se com a experiência de relaxar conscientemente, então o processo se tornará mais fácil. Mova sua atenção lentamente para os seus pés inteiros, relaxando, conscientemente, cada parte. Se ajudar, você pode pensar: "liberar e relaxar" enquanto traz, lentamente, sua atenção para os tornozelos, canela, panturrilha, joelhos etc. Continue a direcionar sua atenção subindo pelo corpo, relaxando de forma consciente cada parte dele. Caso disperse a atenção, volte para a última parte do corpo.

Quando tiver alcançado o topo da cabeça, use alguns minutos tomando consciência de como é se sentir totalmente relaxado. Quanto mais se lembrar dessa experiência, mais fácil será repeti-la e integrá-la em seu dia a dia. Essa técnica pode levar tempo para ser bem realizada, então não se desaponte se ainda sentir algumas tensões após as primeiras sessões. Isso passará com o tempo e a técnica se tornará mais natural. Nesse momento, você pode parar, dedicar a sua energia positiva, e levantar devagar, ou continuar com uma visualização simples.

O Uso da Visualização do Reiki

Visualize um raio de luz dourada ou branca em espiral entrando pela coroa de sua cabeça e preenchendo cada parte do seu corpo. Tente mover devagar a luz para baixo, de forma que tenha a sensação de que cada parte de seu corpo e cada célula seja preenchida com a energia da luz. Podemos, então, imaginar que todo nosso corpo e mente derretem com a luz que, lentamente, expande-se preenchendo o ambiente, a casa, a cidade, o país, todo o planeta, e, finalmente, todo o espaço.

Esse é um bom momento para pensar em pessoas que talvez precisem de cura, em conflitos locais ou mundiais, em desastres, ou, simplesmente, em qualquer ser vivo. Visualize essas pessoas ou situações rodeadas de luz e imagine que todos os seus problemas e doenças são facilmente transformados e curados. Continue a visualizá-los saudáveis, felizes e contentes durante alguns minutos. Podemos pensar e tentar realmente acreditar que essas pessoas agora são maravilhosas, verdadeiramente livres de suas dores e de seus problemas. Então, concentre-se o máximo possível no sentimento de alegria que emerge desse pensamento. Não se preocupe se a princípio isso parecer falso e artificial. Com a prática consistente e sincera, sua motivação se tornará mais natural e poderosa. Além disso, não faça muito esforço para fazer visualizações muito complicadas; uma intenção sincera e uma crença forte de que seus pensamentos positivos realmente ajudaram são os aspectos mais importantes.

O poder da mente é ilimitado; ao imaginar isso, fortemente, através de nossas ações, as pessoas são liberadas de seus problemas, o que cria as causas para que realmente aconteça no futuro. Quando terminar, visualize a luz chegando lentamente de volta para o espaço de seu corpo e sele-a dentro de você com uma intenção mental tal qual:

Balanceado, centrado, afirmado,
abençoado e protegido.

Então, levante-se devagar quando estiver pronto e dedique a energia positiva que você criou. Às vezes, quando estabelecemos intenções, como acima, ou dedicamos a energia positiva criada através da ação do Reiki, pode ser útil dizer a intenção três vezes. Isso a fixa em nossa mente e nos ajuda a sentir se a intenção parece, ou soa, "certa", o que pode ser complicado, ou não suficientemente claro. Podemos mudar uma intenção simplesmente ao dizer ou pensar em uma nova, que se aplique à mesma pessoa ou situação, já que irá substituir automaticamente a anterior, se isso for para o bem maior! O poder de nossas intenções e dedicação depende da sinceridade e estabilidade de nossos desejos, sentidos verdadeiramente com o coração. Então, devemos estar atentos e checá-los regularmente!

Sentados com o Reiki

Uma vez harmonizado com o Reiki, você vai gradualmente tornar-se mais consciente de sua presença em sua vida. Você pode experimentar isso como uma sensação de paz interior e completude, ou como uma "almofada" ou a presença de amor e energia envolvendo seu corpo, ou, ainda, uma fruição de energia através de você. Às vezes, você pode senti-lo automaticamente "ligando" ou chegando mais intensamente, conforme você ou as pessoas ao seu redor precisem. Tornamo-nos um portal, ou canal para que a energia de cura ajude aos outros.

Quando você sentir o Reiki vindo com mais força, é uma boa ideia dedicar de cinco a dez minutos para uma *pausa Reiki.*

Sente-se, relaxe e deixe o Reiki vir, mas, obviamente, apenas se for conveniente. Se isso ocorrer e você sentir a energia concentrar-se em uma determinada área do seu corpo ou pensamentos e emoções surgirem com relação a algum problema que tenha, tente relaxar e deixe o Reiki trabalhar para você. Apenas "observe" seu corpo e sua mente e não se envolva muito com quaisquer sentimentos, pensamentos ou sensações que surjam. Apenas deixe que eles fluam através de você e libere-os da forma que parecer mais equilibrada, clara e natural.

Se você puder se abrir e confiar nessa forma, as respostas para seus problemas simplesmente surgirão, ou a questão passará mais rapidamente se você tiver tentado "resolvê-la" mentalmente ou se render a ela emocionalmente. Esse processo de cura e liberação natural pode funcionar para qualquer situação estressante com a qual lidamos. Mesmo eventos passados há muito tempo, que não foram totalmente aceitos ou curados física, mental ou emocionalmente, podem ser sanados. Com um pouco de prática, você se surpreenderá com a rapidez com a qual o Reiki pode resolver problemas e mudar a situação para benefício de todos os envolvidos.

O Desenvolvimento da Paz Interior

O processo de olhar para nossa mente ou de expandir a consciência é também uma forma muito poderosa de desenvolver paz interior e conhecimento natural intuitivo. Um bom momento para praticá-lo é durante o autotratamento, ou enquanto você trata os outros. Simplesmente olhe para os momentos de paz natural e fique com eles. Quando distrações surgirem em seu corpo e sua mente, ou quando for atrapalhado por um ruído, não se preocupe nem se irrite ou se envolva. Simplesmente testemunhe e olhe para esses pequenos eventos e permita que venham e vão, continue olhando para seu corpo e sua mente, e a paz virá mais cedo ou mais tarde.

Siga essa paz interior e tente, naturalmente, ficar com ela, sem permitir que a mente torne-se tensa, de modo que você fique cada vez mais familiarizado com ela. Com o tempo, essa experiência virá mais fácil e naturalmente, e você não precisará encontrar ou ficar com ela conscientemente. Eventualmente, essa paz interior se tornará seu estado normal e, conforme você continuar essa prática, receberá níveis de autoconsciência e felicidade mais profundos. Você pode achar mais cômodo tentar essa prática enquanto faz o autotratamento sentado em uma cadeira, já que é fácil pegar no sono se estiver deitado. O uso de posições de mão que causem dores musculares também pode levar a distrações indesejadas. Nos dois casos, avalie o que lhe parecer mais apropriado.

Uma Levantada Rápida

Podemos também aprender a "ligar" o Reiki quando quisermos. Essa é uma ótima forma de conectar-se ao Reiki e pode ser muito útil quando não temos tempo para nos tratar completamente e precisamos de uma levantada rápida.

Apenas sente-se, ponha suas mãos em algum lugar confortável (como sobre as coxas), e estabeleça uma intenção para que seu corpo e mente recebam tudo do que precisam. Permita-se relaxar completamente e aceite qualquer experiência que vier. Se você puder passar de dez a quinze minutos fazendo isso todos os dias, você, com certeza, obterá resultados positivos.

Essa prática nos ajuda a aumentar o conhecimento e compreensão do Reiki e nos ensina a nos abrir e trazer o Reiki com mais rapidez e consciência quando precisarmos. Ainda nos tornamos mais capazes de controlar e calibrar nossas relações com as situações em vez de sermos vítimas de pensamentos, emoções e ações negativas impulsivas.

Esse método também é útil em caso de um problema específico que queremos resolver. Antes de começar, simplesmente traga a questão à mente e determine uma intenção clara para encontrar uma solução para o bem maior. Então, relaxe, aproveite o Reiki, e veja o que vem à sua mente. Às vezes, uma resposta pode vir horas, ou mesmo dias, depois do autotratamento e pode surgir ao se ler algo relevante à questão, ao encontrar com alguém ou com alguma outra "coincidência" útil.

Mantras de Meditação do Reiki

Podemos usar a palavra Reiki como um mantra. Um mantra é uma palavra ou grupo de palavras que ao serem ditas ou pensadas têm um efeito positivo no corpo e na mente. A palavra *Reiki* é muito abençoada e se usada como mantra – com a energia de cura do Reiki – pode aumentar nossas capacidades de dar e receber a cura. Podemos usá-la com a meditação "Sentando com o Reiki" ou quando damos ou recebemos o Reiki.

Simplesmente permita que a palavra *Reiki* surja em sua mente sem esforço e naturalmente, como um pensamento espontâneo. Não devemos forçá-lo a surgir, apenas permitir que venha à superfície facilmente como uma bolha em um copo de água. Quando ele aparecer, siga-o, escute-o, repita lentamente ou mais rapidamente – apenas escute-o, sinta-o, e siga-o. Se a sua mente divagar, apenas traga sua atenção de volta para o mantra e continue a segui-lo. Isso o leva para mais perto da fonte do Reiki, e, portanto, mais perto de sua verdadeira natureza. Você pode usar outras palavras especiais da mesma forma; palavras como paz, compaixão, sabedoria, Buda, Jesus, Virgem Maria, Pai Nosso, ou grupos de palavras como "completo, saudável e feliz", "completamente relaxado e apaziguado" e "forte, confiante e claro", por exemplo. Use qualquer um dos Cinco Princípios do Reiki ou Intenções de forma semelhante.

Podemos, também, meditar sobre o significado profundo do Reiki ao perguntar: "O que é a Energia de Força Vital Universal?", "De onde ela vem, de fora ou de dentro de nós?". Podemos pedir ao Reiki, diretamente, uma compreensão de nossa própria e verdadeira natureza ou respostas a problemas específicos que temos enfrentado. É nossa decisão o quanto longe ir, e o quanto queremos saber. O Reiki apenas nos trará aquilo com que estamos prontos para lidar e capazes de entender.

Usando os Mantras Budistas

Há muitos mantras usados no budismo para curar, purificar, e ajudar a desenvolver algumas qualidades positivas da mente. A palavra mantra significa "proteção da mente". O mantra toma forma de palavras ou sons, apesar dos sutras budistas, ou Escrituras Sagradas, nos dizerem que, na realidade, mantra é *Energia de Força Vital*. Portanto, podemos dizer que o Reiki é mantra. Um dos mantras mais bem conhecidos é *Om mane padme hum*, essas letras, traduzidas literalmente, do sânscrito, significam "louvem todos à joia na lótus", apesar delas terem um significado profundo em muitos níveis. A joia na lótus refere-se à nossa natureza Buda, ou potencial máximo para o bem emanado da lótus, que é símbolo da compaixão. A mente de compaixão, ou desejo de desenvolvê-la, é a fonte de nosso potencial máximo e digno da mais alta louvação.

Om mane padme hum é o mantra da compaixão e tem um efeito profundo sobre o chakra do coração, traz paz interior e contentamento intensos. Podemos usar esse mantra a qualquer momento, ou podemos receber um apoderamento de um Geshe (Mestre) Budista, e combinar o mantra com uma forma poderosa e simples de prática de meditação para desenvolver nossa compaixão e amadurecer nosso potencial de beneficiar os outros. Para esse mantra, precisamos do apoderamento do Buda Avalokiteshvara, o Buda da Compaixão. Buda Avalokiteshvara tinha um desejo tão grande de ajudar aos outros que abençoou seu próprio nome de forma que quando alguém o dissesse três vezes, receberia alívio para o medo. Essa é, ainda, uma forma muito eficaz de prevenir e aliviar o medo em qualquer situação.

Diga ou mentalize os mantras quando você receber ou der o Reiki aos outros; se suas intenções forem verdadeiramente compassivas, essa é uma ação ou karma especialmente poderosos, já que a natureza do mantra é tão pura, sagrada e abençoada. Nosso nível de compaixão afeta diretamente nossa habilidade de curar os outros. Diga mantras aos outros quando eles precisarem de ajuda; para pessoas que estejam estressadas, doentes ou desabrigadas; ou até para animais e insetos moribundos, isso os ajudará imensamente. Então, podemos também dedicar os efeitos futuros de nossas ações para o seu benefício. Essa é uma forma muito especial de doação e vai aumentar muito o poder do karma que retorna a nós no futuro.

Para desenvolver nossa sabedoria, nós deveríamos receber o apoderamento e o mantra do Buda Manjushri, o Buda da Sabedoria. Para desenvolver nossas habilidades de cura, nós deveríamos receber o apoderamento do Buda da Medicina ("Sanje Menhla", em tibetano, veja Figura 9.1), a encarnação das qualidades de cura de todos os Budas.

Com relação à busca de Mikao Usui, sabemos que ele deve ter usado métodos budistas para desenvolver compaixão, sabedoria e habilidades de cura em seu caminho em direção ao Reiki. Os ensinamentos de Buda estão amplamente disponíveis para pessoas de todos os credos religiosos e culturais, ou seja, você não tem de ser budista para beneficiar-se do Reiki.

Se decidirmos recitar o mantra sem recebermos o apoderamento budista autêntico ou sem aprender a prática de meditação apropriada, então uma intenção sincera e dedicação para o bem maior podem, realmente, apoderar e proteger nossa prática.

Figura 9.1.: Buda da Medicina.
(imagem cedida gentilmente por Andy Weber, Tharpa Publications © 1990)

A Meditação da Cura da Terra

Essa é uma meditação muito simples e proveitosa. É especialmente eficaz se você a fizer em um ambiente externo, como um jardim ou campo, se estiver quente. Ela também fica mais poderosa se você encontrar uma árvore para descansar suas costas enquanto a realiza, já que as árvores podem agir como um cruzamento para troca de energia. Faça essa meditação sentado, em pé ou deitado, por quanto tempo quiser.

Há uma troca natural de Energia de Força Vital Externa entre uma árvore, a Terra e o universo. Em algumas filosofias orientais, as árvores são vistas como símbolos de portais entre o céu e a Terra, com suas raízes alimentando-se de nutrientes da terra e suas folhas espalhando-se em direção à luz do sol e da energia que ele provê. Elas também são vistas como um exemplo de como devemos encarar a vida. Crescendo firmemente ano após ano, a árvore é forte e equilibrada, capaz de mudar com as estações. Ela pende, mas não quebra com ventos fortes, porque suas raízes são profundas; e a árvore é flexível e adaptada às forças da natureza. Quando as condições forem certas – como no verão – sua taxa de crescimento aumenta, e no inverno ela descansa e se recarrega. Da mesma forma, podemos apenas ser seres espirituais se nossos pés estiverem firmemente plantados no solo, e soubermos quando é hora de desafiarnos e quando é hora de descansar.

Escolha uma árvore de sua preferência, apoie suas costas sobre ela e coloque os seus pés, ou lateral das costas, entre duas raízes, se elas forem externas. Utilize alguns momentos para ficar confortável e se harmonizar com o entorno. Então, feche seus olhos e, lentamente, relaxe seu corpo e sua mente. Estabeleça uma intenção para dar o Reiki à Terra e a todos os seres vivos, para o seu bem maior. Então, imagine o Reiki na forma de uma luz branca ou dourada em espiral através do seu chakra da coroa, preenchendo seu corpo e mente até que você sinta-se completamente apaziguado e relaxado. Então, visualize o Reiki entrando na Terra através do seu chakra base, ou de seus pés, e descendo diretamente para o centro da Terra. De lá, a energia irradia através de todo o planeta, o sistema solar, todo o universo, e todos os mundos e lugares da existência. A Terra e todos os seres vivos são liberados de todos os seus problemas e abençoados com o Reiki, a natureza do amor, compaixão e sabedoria. Então, a ênfase dessa prática é concentrar-se no sentimento de alegria que vem da crença de que ajudamos aos outros diretamente. Tente permitir que sua mente se misture com o oceano de alegria amorosa. Podemos continuar com essa experiência por quanto tempo quisermos, antes de, lentamente, trazer nossa atenção de volta para onde estivermos sentados. A cura universal é um ato muito poderoso e de compaixão; então, como sempre, podemos dedicar nosso karma bom e, se desejarmos, proteger nosso próprio sistema energético ao pensar e sentir:

Estou totalmente abençoado e protegido pelo Reiki.

Meditações sobre os Cinco Princípios do Reiki

O Reiki funciona bem com todos os tipos de meditação e relaxamento. Seja qual for a técnica que utilize, simplesmente estabeleça uma intenção mental antes de começar, tal qual:

Que o Reiki me ajude a receber o benefício maior desta meditação.

Isso melhora a sua concentração, clareza e experiência de meditação e ajuda a levar as suas intenções positivas pelo resto do dia. Os efeitos da meditação regular combinada com o Reiki podem melhorar muito a sua qualidade de vida.

Podemos meditar sobre os cinco princípios, ou apenas sobre aqueles que sejam mais apropriados à nossa questão. Se tivermos um problema em particular, podemos escolher o princípio que sabemos que pode guardar a resposta, e meditar sobre ele até estarmos prontos para seguir adiante. Meditar sobre um princípio por dia, em ciclos de cinco dias, é uma ótima forma de melhorar sua sabedoria e compaixão, já que cada meditação é acrescida pela anterior e cada ciclo leva cada vez para mais perto da completude e felicidade: a fonte do Reiki.

Prepare-se para a meditação ao encontrar um tempo regular, diário e quieto – em torno de quinze a vinte minutos, ou mais. De manhã, geralmente é melhor. Isso pode, realmente, ajudá-lo a começar e continuar seu dia de forma positiva.

O ambiente deve estar silencioso e limpo, e se você tiver uma crença religiosa em particular, faça um nicho ou altar como local de foco. Isso também serve para manter a energia espiritual no ambiente e na casa – que é simbólico de seu próprio corpo e mente. Limpe e cuide desse espaço, e trate-o com respeito; isso tornará a sua meditação mais clara e profunda, gradualmente, com efeitos duradouros. Ao convidar as maiores bênçãos e o bem maior para a sua casa e vida, criando um pequeno nicho, você poderá notar muitos benefícios naturais em outras áreas de sua vida. Outras pessoas também poderão comentar que há muita paz em sua casa!

Sente-se em uma cadeira com as costas eretas, mas não tensas, pés inteiramente no chão e mãos repousadas sobre as pernas. Você também pode sentar-se sobre uma almofada no chão, em postura tradicional de meditação. Traga o Reiki durante a meditação colocando suas mãos sobre o corpo em uma posição confortável, como sobre as partes superiores das pernas. Às vezes, dar-se o Reiki ao colocar suas mãos sobre seu coração por alguns minutos, antes da meditação, pode ser uma boa forma de acalmar a mente e deixá-lo de bom humor!

Para começar, relaxe o corpo e foque-se em fazer uma varredura de seu corpo da tensão, liberando-a. Traga a sua tensão para a sensação da superfície de suas narinas. Sinta o ar fresco entrando enquanto você inala, e o ar quente saindo enquanto você exala. Concentre-se unicamente nessa sensação. Se você se distrair, simplesmente traga sua mente de volta para o objeto de meditação, a sensação de respirar, o que foca a mente e melhora sua clareza e concentração. De fato, a meditação simples da respiração, se praticada por dez ou quinze minutos diariamente, pode melhorar muito a qualidade de nossa vida, deixando nossa mente clara e apaziguada. Se você não tiver experiência de meditação, pode ser útil praticar apenas a meditação da respiração durante várias semanas antes de tentar algo novo.

A meditação tem duas partes: *Contemplação* e *Colocação*. Contemplação é o processo mental de abandonar pensamentos e ações negativos e de adotar os positivos. Quando um desejo muito forte surge na mente para mudar nosso comportamento para melhor, então esse é o objeto de colocação e nós o "mantemos" ou o experimentamos pelo máximo de tempo possível. Por exemplo, se meditarmos sobre o segundo princípio, "Não se preocupe hoje", pense em como a preocupação no passado causou tanta infelicidade e não resolveu nenhum problema. Imagine como seria parar de se preocupar completamente, e como isso seria maravilhoso. Quando um desejo forte de parar a preocupação surge na mente, mantenha-o ou fique com essa intenção mental pelo máximo de tempo possível.

Se seus pensamentos divagarem, simplesmente retorne à contemplação, até que esse desejo forte de parar de se preocupar surja novamente, então permaneça com esse sentimento ou pensamento. Você, na verdade, está treinando-se a, eventualmente, pensar e sentir dessa forma de maneira natural. Quando mantiver o objeto da meditação, não deixe sua mente tensa, pois isso deve parecer natural como se sua mente tivesse se misturado completamente com o objeto da meditação: o desejo de parar de se preocupar.

Ao desenvolver, regularmente, esses desejos profundos de mudança para melhor, você, definitivamente, se tornará mais positivo, feliz, contente e terá mais consideração. Essa forma empírica e antiga de lidar com os problemas da vida, se praticada correta e regularmente, é solução garantida. Diferentemente de outros métodos modernos de encontrar a felicidade, o vício da prática produz resultados muito saudáveis!

Use as explicações gerais dos Cinco Princípios do Reiki (Capítulo 3) como base para suas meditações. As meditações serão mais efetivas se você aplicá-las diretamente à sua vida, baseando-se em suas próprias experiências passadas e na sua compreensão. Não há por que meditar todo dia no desejo vago de parar de se preocupar, ou ter mais respeito pelos outros se, na verdade, em seu coração, você não tem interesse em mudar, ou se essas meditações não forem diretamente relevantes para sua vida.

Mentalmente, faça as meditações tomarem forma e, então, carregue as boas intenções adiante, para o restante do seu dia. Faça isso ao lembrar do princípio e dos sentimentos positivos que surgiram durante a sua meditação, e tentando usar essa motivação para guiar suas ações. Quando perceber sentimentos negativos, como preocupação ou impaciência, previna-se de sua influência ao lembrar de suas boas intenções anteriores. Dessa forma, sua sabedoria melhorará, e seus problemas diários diminuirão muito.

Em Direção à Sabedoria Verdadeira

Sabedoria é diferente de habilidade intelectual, pois muitas pessoas inteligentes são muito infelizes. Já que todos os seres vivos dividem o mesmo desejo de evitar problemas e encontrar a felicidade, sabedoria é, simplesmente, a habilidade de compreender de onde vem a felicidade duradoura. Conforme meditarmos diariamente, você verá que a felicidade é um estado mental e que já que você tem a oportunidade de criar estados mentais positivos através da meditação, da oração e do Reiki, esses métodos são a chave para a felicidade duradoura. Compreender e reconhecer isso é *sabedoria*.

Apesar da essência e prática da meditação serem muito simples, é uma boa ideia procurar um professor completamente qualificado e experiente que possa guiar-lhe pelos estágios, ou caminhos da meditação. Aprendendo por conta própria, ou através de um livro, você pode encontrar muitos problemas, gastar muito tempo e, consequentemente, perder interesse pois você poderá não experimentar bons resultados consistentemente. Aprender e dividir nossas experiências com outros, meditar em grupo e ter a oportunidade de fazer perguntas pode melhorar muito o nosso aproveitamento e progresso. Ter um professor que seja um exemplo vivo do que podemos alcançar através da meditação é uma inspiração constante e encorajamento para o desenvolvimento de nossa própria prática.

Seja qual for o tipo de meditação que escolher, se fizer um pouco todo dia, os bons resultados aumentarão, você será mais capaz de relaxar e aproveitar sua vida totalmente e, gradualmente, se tornará uma fonte verdadeira de sabedoria, compaixão e força interior.

10

A Voz do Reiki Histórias dos Praticantes

O Reiki tocou e estruturou muitas vidas; parte do seu caminho é a descoberta, com a nossa própria experiência, de uma maneira de obter o máximo desse dom precioso. Podemos, no entanto, aprender muito com a experiência dos outros.

Este livro não seria completo sem algumas histórias e observações de praticantes do Reiki que obtiveram muitos benefícios pessoais e grande sucesso no ensino e tratamento de outras pessoas com essa prática. Alguns colaboradores são amigos e alunos do autor; outros simplesmente responderam ao seu convite para dividir a sabedoria e experiência com os que seguem o mesmo caminho.

Um Vento Doente Que Trouxe Algo de Bom

Por Jean Dunn

Eu sempre tive interesse em terapias complementares e no lado espiritual da vida. Foi um vento doente que me trouxe a oportunidade de dedicar mais tempo na pesquisa desses tópicos, quando, em 1995 fui diagnosticada e tratada de um câncer de mama. Foi nessa época que tive curiosidade em relação ao Reiki e decidi fazer o Primeiro e Segundo Graus.

Quando comecei o autotratamento, dediquei-me por uma hora todos os dias a ele e, após cada sessão, sempre me sentia física, mental e espiritualmente renovada. Alguns meses depois, reduzi o número de sessões para uma ou duas vezes por semana. Entretanto, comecei a ter preguiça e passei a praticar o Reiki apenas quando precisava, o que não acredito ser o certo. Como decisão de ano-novo, resolvi que deveria despender ao menos uma hora por semana para praticar o Reiki. Digo isso porque, apesar de me sentir saudável agora, como qualquer outra pessoa, sei quando algo falta em minha vida. Após uma hora de prática do Reiki, sinto-me com mais controle, as dores menores desaparecem, sinto-me mais feliz e mais capaz de ter contato com a vida.

Nunca discuti assuntos espirituais com o meu marido. Ele é muito "pé-no-chão" e nunca acreditou em nada disso. No entanto, quando penso: "tenho de praticar Reiki", ele, invariavelmente, diz: "Não está na hora da sua sessão de Reiki?". Ele sabe da mudança que ocorreu em mim após o tratamento!

Olhando para o passado, gostaria de ter encontrado o Reiki antes. É triste que, muitas vezes, só encontremos algo bom para nós quando precisamos dele. Se eu tivesse conhecido e praticado mais cedo em minha vida, poderia estar mais forte e não teria desenvolvido o câncer de mama. Mas aprendi, também, que nunca devemos falar: "Ah... se eu tivesse... Posso dizer que o Reiki, agora, fará parte de minha vida.

De maneira geral, desde que iniciei a prática do Reiki, sou uma pessoa mais feliz e consciente do lado espiritual da vida, e por isso serei sempre grata.

Clareza, Esperança e Divisão de Responsabilidade

Por Mary Dawson

Após meses de trabalho e estudo constante, dividindo o tempo disponível que restava entre família e amigos, eu estava física e emocionalmente exaurida. Sentia-me usada, abusada e sem apoio.

Aprendi e pratiquei o Reiki com esperança de que ele me ajudasse. E de fato me ajudou, mas não da maneira que esperava. Depois de sessões de autotratamento, eu sempre me sentia mais forte, relaxada e capaz de me organizar por um tempo, mas então o estresse e a dor emocional vinham à tona novamente.

Uma manhã, em desespero, sentei quieta e pedi ao Reiki um direcionamento em vez de uma cura, e tudo tornou-se claro. Os problemas que causavam meu embaraço eram mais problemas dos outros do que meus. Eu lidava com responsabilidades alheias, de uma pessoa muito próxima, de forma equivocada. Eu tentava, do modo errado, facilitar os seus problemas. Sacrificava minha saúde e meu bem-estar e, ao mesmo tempo, construía uma parede em nosso relacionamento, tornando-me cada vez mais amarga com as inadequações dele. Desde então, durante minhas sessões de autotratamento, eu dirigia o Reiki àquela pessoa para "seu bem maior". Os resultados foram profundos para ambos. Medos e realizações foram expressados, as atitudes mudaram, e a confiança foi restaurada. Antes disso, acredito que, no fundo, eu sabia a causa do meu dilema, mas era incapaz de lidar com ele; então, optei por ignorá-lo. Eu acredito, verdadeiramente, que o Reiki escancarou o problema e me mostrou a minha fraqueza. O Reiki não só me trouxe a força para aceitar e enfrentar os problemas, como também a coragem para devolver os problemas a quem pertenciam. Hoje, com a ajuda do Reiki, eu sou livre para oferecer amor e apoio a essa pessoa enquanto ela assume suas próprias responsabilidades e aprende a lidar com elas em vez de passá-las adiante.

Obrigada, Reiki!

Razão para ser Especial

Por Ellen Carney

Eu tenho utilizado o Reiki há quase um ano, período em que alguns desafios me ocorreram.

Sem o Reiki, tenho certeza de que não teria conseguido lidar com as coisas da forma calma como consegui. Eu não usei essa prática com a frequência que gostaria, mas ele me deu um extra de esperança em certas situações. Quando o Reiki era aplicado em amigos – mesmo os mais céticos, inclusive quando não eram ajudados –, sentiam o calor das mãos usualmente frias e também um alívio para o que há muito sofriam.

Realmente, isso faz você pensar a respeito da vida, como você afeta os que estão em seu entorno, como os outros afetam você. O Reiki faz você ter consciência das menores coisas e quão importantes elas podem ser; dá à vida uma outra razão para ser especial.

Mudanças Sutis

Por Jean Carney

O Reiki mudou minha vida de muitas formas sutis. Ele me fez entender que tudo tem um sentido, mesmo que não seja tão óbvio no momento. Usar o Reiki para desenvolver minha própria vida, e a dos outros, funcionou de uma forma surpreendentemente rápida.

Ele me fez ser muito mais calma e tolerante com o estresse inesperado do dia a dia.

O Nascimento de Um Mestre

Por Barbara Ashworth, Mestre de Reiki

Por vários anos, o Reiki manifestou-se em mim, mas optei por priorizar o meu livre-arbítrio, e nada fiz a respeito. Eu trabalhei em minha trilha espiritual com um guru, Sri Ravi Shankar, portanto, tudo o que eu queria do Reiki, eu pensei, me era dado.

Uma amiga muito querida, interessada em cura há muitos anos, telefonou-me um dia e perguntou-me se eu gostaria de ir com ela a uma palestra grátis sobre Reiki. Pensei que seria interessante, mas não tinha planos de seguir com isso. Depois da palestra, conversamos e, para nossa surpresa, havíamos decidido ir apenas porque pensávamos que a outra queria ir! Se soubéssemos disso antes, não teríamos ido! Eu não conseguia deixar de pensar que, apesar de eu não ter interesse em fazer Reiki, na época, com o Mestre que havia dado a palestra, havia alguma razão para eu estar lá e talvez tenha sido justamente a presença dele! Portanto, eu decidi que, se o professor certo aparecesse, eu faria o grau. Eu havia ouvido falar de outros dois Mestres de Reiki, mas, de novo, não me sentia atraída por suas aulas.

Então, uma amiga mostrou-me um anúncio sobre uma aula de Reiki que seria dada ali perto. Eu telefonei para o Mestre para pedir mais informações. Ele era gentil e realista, e eu achei isso muito bom; assim, em algumas semanas, eu estava cursando o Primeiro Grau.

Naquela época de minha vida, eu era muito questionadora e precisava de provas de que o Reiki funcionava. Não tive de esperar mais do que um dia: bati a porta do carro no meu dedo; a dor era insuportável e eu imediatamente dei o Reiki para ele. Após meia hora, já não sentia dor nem havia sinal dela e, no dia seguinte, era como se nada tivesse acontecido. Algumas semanas depois, eu quebrei o tornozelo. Os médicos decidiram usar uma bandagem bem firme em vez de gesso, e eu fui alertada para não colocar nenhum peso sobre ele. Eu fiz o que me disseram, e dei muito Reiki antes de minha próxima visita ao hospital, que seria duas semanas depois. Um outro médico me atendeu nesse dia e, ao tirar as faixas não tinha sinal algum... Eu disse que eu não sentia nenhuma dor e o médico pediu para eu esperar enquanto ele analisava o raio X original, já que ele não podia acreditar que ali havia uma fratura. Ele voltou parecendo muito contrariado, pois a fratura era bem visível no raio X! Nunca mais duvidei do Reiki.

Algumas semanas depois, uma amiga falou-me de um homem de 43 anos com um câncer terminal e perguntou-me se eu lhe daria o Reiki. Fui vê-lo e dei-lhe Reiki diariamente por três meses. Ele realmente amou a terapia, e sua esposa relatou que ele aguardava ansioso seu tratamento diário. Eu trabalhei mais com os seus pés e suas mãos, e após duas semanas ele já se levantava da cama, sentava-se no jardim e começava a dar pequenas caminhadas. Por um tempo, ele esteve bastante bem, a ponto de poder ir à igreja ver suas filhas pequenas no festival da colheita e também viajar a Yorkshire para visitar sua mãe.

Ele tinha muito medo de morrer e acreditava que poderia "ir para o seu sono eterno" de um dia para o outro, durante algumas noites não conseguia dormir de medo, o que dificultava sua respiração. Algumas vezes, eu passava a noite toda lhe dando Reiki, o que o ajudava a se acalmar e entrar em acordo com a sua situação.

Pedi a minha Mestre que lhe mandasse cura à distância, o que também o ajudaria. Nessa época, minha Mestre sugeriu que eu fizesse o Segundo Grau para poder usar os símbolos e ajudar o homem de quem tratava. Eu não tinha dinheiro para fazê-lo, mas ele me ensinou do mesmo jeito, sabendo o quanto eu queria ajudar essa pessoa.

Com o Segundo Grau, minha habilidade para canalizar o Reiki aumentou, e tenho certeza de que a transição desse homem teria sido muito mais difícil para ele e sua família, caso o Reiki não lhes tivesse sido apresentado.

Comecei a trabalhar cada vez mais com essa prática, e muitas pessoas pediam para eu ajudá-las. Um dia, uma amiga pediu-me para enviar o Reiki para sua sobrinha que havia quebrado a tíbia da perna esquerda. Algumas noites depois, minha amiga ligou dizendo que a sobrinha estava feliz, pois a dor intensa que ela sentia havia desaparecido e ela já andava sem as muletas. Só então me disseram que a perna dela fora quebrada de uma forma terrível, e que precisava de um pino, colocado por um cirurgião.

Eu continuei com a minha prática espiritual, que foi muito aprimorada pelo Reiki, e com frequência ajudava minha Mestre em apresentações, pois eu sentia que ela havia me oferecido muito ao dividir o Reiki comigo. Em uma apresentação especial de "Exibição de Mente e Corpo", ela deu uma palestra sobre Reiki, e muitas pessoas vieram para ouvi-la. Eu fiquei pasma com o grande interesse que o assunto despertava e, de repente, percebi que há um grande número de pessoas pelo mundo afora que precisam de ajuda e que conseguem obter muitos benefícios do Reiki. Então, um pensamento, proveniente de algum lugar que desconhecia, me dizia: "Você não acha que está na hora de fazer o seu Mestrado?". No mesmo momento, eu me senti abençoada e respondi mentalmente: "Sim!". Logo depois, comecei a duvidar dessa forte intuição, pois sabia que teria muita dificuldade de encontrar dinheiro para tornar-me Mestre. Então, dividi meus pensamentos com uma amiga e ela me disse: "Não se preocupe, você sabe que se o tempo estiver correto, vai simplesmente acontecer". Eu sabia disso, mas, ouvindo de outra pessoa, ficava mais aberta para essa possibilidade. Após a fala da Mestre, voltei para o *stand* onde demonstrávamos e dividíamos o Reiki com outras pessoas.

No entanto, eu não conseguia tirar da minha cabeça a ideia maluca de que eu deveria fazer meu Mestrado, mas como tornaria isso possível, eu não sabia.

Mais tarde, quando estava mais calmo, fui deixada a sós com minha Mestre, ela colocou a cadeira à minha frente e disse: "Barbara, tem algo que eu gostaria de fazer por você". Eu me sentei na cadeira sem fazer uma pergunta, o que não é habitual! Eu sabia que ela começaria minha harmonização e eu, a princípio, achei que seria uma outra harmonização como a do Segundo Grau. No entanto, após alguns minutos, eu percebi que se tratava de algo muito maior. O que senti era como um túnel à minha direita e através dessa abertura grupos de símbolos apareciam e me cercavam. Senti-me tão profundamente abençoada, que solucei do fundo do meu ser. Após essa harmonização de minha Mestre, fiquei em pé, nos abraçamos e eu chorei novamente!

No dia seguinte, eu falei mais uma vez com minha Mestre sobre essa experiência, e ela me disse que, um pouco antes da minha harmonização, ela havia sido informada por seus guias espirituais de que aquele era o momento certo para que aquilo fosse feito. Disse que pensou que o lugar não era apropriado, mas, novamente, foi informada de que tudo daria certo e, subsequentemente, antes da harmonização, a sala tornou-se muito calma e pacífica.

Eu agradeço a Padma O`Gara, minha Mestre de Reiki, do fundo do meu coração e sou eternamente grata aos divinos Mestres de Reiki por me usarem como um canal para essa prática.

Não existem Regras

Por Keith Beasley, Mestre de Reiki

Um grande número de Mestres de Reiki o apresenta como uma série de formas a serem praticadas da maneira como são ensinadas. Para mim, isso não está no espírito da prática. O Reiki é vivo, uma energia sempre em mutação, que responde sempre à realidade do aqui e agora. Assim como não pode ser definido nem descrito em meras palavras.

Minha qualificação é em Controle de Qualidade. Após muitos anos trabalhando em padrões, eu descobri que leis, regras, padrões, ou o nome que quiser dar a eles, são para aqueles que não querem ou não podem pensar por si. Uma vez no caminho do Reiki, aceitamos nossa própria responsabilidade por nossa vida, saímos da necessidade do outro nos dizer o que fazer ou como nos colocar diante do Universo. O Reiki ensina-nos a ver a realidade em uma dada situação, e agir de acordo com ela. Como pode um conjunto de formas escritas, ou regras, definir todas as possíveis realidades diferentes que enfrentaremos? A autoridade do Reiki não vem de uma associação nem de um Grande Mestre, mas do Reiki, a Energia. Phyllis Lei Furumoto admite que se estivermos em dúvida sobre algo, devemos escutar nossa voz interior. Quanto mais fizermos isso, mais confiaremos no Reiki, no Universo e em nosso eu interior e elevado; mais veremos que esta é a única sabedoria que existe.

Nós nos aferramos às leis, apenas por medo. Tendemos a nos agarrar "aos deveres e às obrigações" que a vida atira sobre nós, pois parece ser mais fácil. Mas é? Não a longo prazo. Quanto mais nos tornamos sábios por meio do Reiki, mais percebemos a quantidade de "regras" que permitimos nos constranger. Temos condicionamentos demais. Com o uso do Reiki em nossa vida, podemos deixar as crenças e os sonhos de lado e observar a realidade cósmica. No começo, viver sem a segurança das regras pode ser assustador, mas logo nós percebemos que nosso sentimento de vazio nos induz a uma maior liberdade – que procuramos – a de somente "ser", de responder com pensamento, corpo e alma para o momento, sem regras, sem ideias preconcebidas, expectativas, ou presunções sobre o que é o Reiki – libertando-nos de nossas próprias limitações mentais. Dê boas-vindas à incerteza em sua vida... Ela dá aos anjos a oportunidade de fazer milagres.

Reiki e Expectativa

Por Karen Stratton, Mestre de Reiki

Um dos aspectos fascinantes do Reiki é que ele parece ter mente própria. O próprio nome pode ser traduzido como "Energia de Força Vital Espiritualmente Guiada". Este parece ser realmente um nome muito apropriado, uma vez que, com frequência, parece ter uma maneira de trabalhar as formas que estão fora de nosso conhecimento. Isso, às vezes, pode ser frustrante quando queremos "curar" uma condição específica que alguém nos traz. Eu sinto que alguém precisa afirmar que o receptor compreende que o Reiki não é direcionado pelo praticante e irá sempre trabalhar de uma maneira que seja apropriada para o melhor aproveitamento do indivíduo, que muitas vezes não é a forma esperada.

Em minha experiência, o cliente, com frequência, vem para o Reiki acreditando que os sintomas presentes, com sorte, serão "curados". Eu explico que isso pode não acontecer. Acredito fortemente que o "Praticante Interno", o " Guru Interno" ou o "Alto Ser" faz aparecer o sintoma para certificar-se de que o indivíduo seja guiado para fora do Reiki. O Reiki é requerido para um nível de comportamento humano, talvez para curar um outro tipo de condição física, ou algum outro aspecto da vida da pessoa.

Os eventos inesperados que ocorreram em minha própria experiência nunca deixam de me espantar e agradar, como o da jovem mulher que veio para cura mental/emocional, pois estava muito infeliz. Ela tinha a autoestima muito baixa e acreditava que era vítima de suas circunstâncias. Durante um período de seis semanas, como ela vinha toda semana regularmente, algo bem inesperado aconteceu. Antes de iniciar seu tratamento comigo, ela havia ido à uma consulta com o ginecologista, que encontrou um fibroma do tamanho de uma bola de bilhar, ela precisaria de uma histerectomia. Em virtude da fila de espera para atendimento em sua área, ela foi avisada de que teria de esperar dezoito meses pelo tratamento. Seu clínico geral, então, sugeriu que ela fosse avaliada por um especialista em outra área, onde a fila de espera fosse mais curta. Enquanto esperava a marcação da consulta, ela iniciou seu tratamento de Reiki comigo e em sua terceira ou quarta sessão sentiu uma pressão muito forte de energia em seu baixo ventre e, no dia seguinte, sentia-se muito "arranhada e mole" nessa área. Quando ela voltou ao segundo especialista, foi informada que o fibroma era somente do tamanho de uma bola de gude e que não precisaria mais de cirurgia. Claro que podem haver outras razões para que isso tenha acontecido, mas as coincidências parecem indicar que o Reiki a curou. No caso dessa moça, ela, inclusive, recuperou lindamente suas forças, retomando o controle de sua vida de muitas maneiras.

Outra surpresa foi o caso de uma menina com lúpus. Ela estava com sobrepeso devido à retenção de líquidos. Detestava sua aparência e começou a ficar muito deprimida. Seu pai perguntou-me se o Reiki poderia ajudá-la e eu lhe disse que tinha certeza de que ela estaria mais apta a lidar com a situação, mesmo que as condições em si não mudassem. Depois de sua primeira sessão comigo, passou a urinar mais frequentemente, como não fazia havia muito tempo, e nas seis sessões seguintes, a retenção de líquidos simplesmente foi drenada, deixando-a quase com o seu peso normal e tornando-a muito mais feliz.

Uma outra moça, que havia sido seriamente atacada fisicamente e não conseguia falar com ninguém sobre o ocorrido; ela estava muito abalada e deprimida. Eu senti que algumas sessões de Reiki ajudariam-na a ficar mais relaxada com os sentimentos e as emoções que envolviam a situação e, talvez, pudesse auxiliá-la a aceitar melhor um aconselhamento adicional ou a hipnoterapia para lidar mais profundamente com o trauma. Para minha surpresa, após a primeira sessão, ela já estava apta a reunir seus sentimentos e, depois de mais alguns encontros, nenhum tratamento era necessário. Imagino que ela ainda precise de mais ajuda a longo prazo, mas o ponto é que o Reiki funcionou novamente de uma maneira surpreendente.

Há incontáveis exemplos que poderiam ser acrescidos a este artigo, ambos de experiência pessoal e também casos de meus alunos e outros praticantes de Reiki. Somos ensinados a confiar na sabedoria inata do Reiki; ele nunca fará mal e sempre trabalhará de forma correta para as maiores necessidades e grandes melhoras do indivíduo. Mas, como humanos, nós, às vezes, podemos esquecer isso e sentir-nos culpados por desejarmos um resultado específico.

Talvez a lição aqui, quando falamos de Reiki e do que ele pode fazer, seja *esperar o inesperado*, ou, provavelmente, o mais apropriado seja *não ter expectativa* e deixar o poder de cura do Reiki trabalhar de sua própria maneira: misteriosa e maravilhosa.

Reiki à Mão – Fundindo

Por Teresa Collins, Mestre de Reiki
Do livro *Reiki à Mão*, publicado por Collins Press, Irlanda

Antes de iniciar minha prática, eu estudei meditação budista vipassana durante dois anos, o que foi muito ilustrativo e de grande ajuda quando pude identificar o que experimentava. Eu estava apta a diferenciar bem rapidamente o que pertencia a mim e o que pertencia ao cliente durante cada sessão de Reiki. É muito útil, na verdade, experimentar os sintomas do cliente tanto do ponto de vista acadêmico como do humanitário.

Ao reconhecer que algo ocorrido comigo pertence ao cliente, agradeço à energia por trazer essa informação a minha atenção, e se ela não desaparece, rapidamente a descarrego por meio de meu sistema de *grounding*. Se os sintomas permanecem comigo por um tempo após o término da sessão, significa que, normalmente, estou curando através de mim.

Como é possível para o praticante experimentar os sintomas do cliente? Durante a sessão de Reiki, a energia do cliente e do praticante tornam-se apenas uma, o que significa que se a mente do cliente estiver hiperativa, a do praticante ficará hiperativa também. Se o cliente estiver deprimido, o praticante pode tornar-se deprimido também, e se o cliente tiver um problema cardíaco, o praticante pode sentir seu coração portar-se de maneira estranha. Não será todo e qualquer sintoma que será sentido pelo praticante, mas só aquele que seja importante ao praticante experimentar.

Às vezes, os sintomas são sentidos pelo praticante sem o cliente saber. Uma vez atendi uma mulher que havia caído da escada na noite anterior, durante o sono; fiquei bastante nauseado na sessão de Reiki. Depois eu lhe disse que ela estava em estado de choque e que deveria ir para casa deitar. Ela insistiu que estava perfeitamente bem. Uma hora depois, percebeu que estava em choque e nauseada, e assim permaneceu pelas próximas 24 horas. Ela me contou, depois, que foi criada para ser "forte" e que era muito difícil para ela sentir qualquer "fraqueza" em si.

O processo de sentir os sintomas do cliente é chamado de *fusão*. Nenhuma doença longa ou disfunção será pega pelo praticante; por exemplo, se o cliente vier ao consultório com artrite nas costas, o praticante pode sentir dores na mesma região por alguns minutos durante o tratamento, mas não desenvolverá uma artrite por tratar do doente.

Autotratamento, Maestria e Transformação

Por Claire M. Ray, BSc.
Usui e Karuna, Mestre de Reiki, Mestre Seichem

Em janeiro de 1990, fui diagnosticada com câncer de mama. Eu tinha 42 anos. Assim que saí do hospital, após minha mastectomia, uma amiga levou-me a uma reunião do *Can Survive*, um grupo de Hong Kong de apoio à língua inglesa. Lá, um homem jovem tratava de uma senhora que havia perdido a perna por câncer ósseo. Depois que ela disse: “Me sinto muito melhor agora”, ele perguntou se tinha mais alguém desconfortável. Eu teria levantado a mão se pudesse, mas minha cicatriz de 12 centímetros me dificultava. Nas semanas seguintes, ele veio ao meu apartamento três vezes para me dar Reiki, e também o enviou a distância outras duas vezes. Quando visitei o cirurgião para um *checkup*, ele não podia acreditar em quão rápido meu corte havia cicatrizado e quão pouco desconforto eu sentia.

Em março, uma Mestre de Reiki chamada Esther Valle (agora Esther Veltheim) veio da Austália, e eu fiz o Nível um com ela. Que diferença o Reiki fez para o meu processo de cura – eu me esforçava para ajudar o máximo que pudesse às pessoas. Quando fui para a Grã-Bretanha, por dois meses, para reformar minha casa, passei uma semana no Centro de Ajuda de Câncer, em Bristol, um lugar maravilhoso e cheio de energia curativa e amor. Depois, tive apenas três dias em Hong Kong antes de mudar com meu marido e minha filha para Cingapura. Nós ainda estávamos hospedados em um hotel quando chegou um fax da Esther que dizia: “Chego semana que vem. Você quer fazer o Nível dois?”. Claro que eu fiz. Essa foi a primeira das cinco etapas de Nível dois que fiz com diferentes Mestres nos três anos seguintes. Em agosto de 1994, eu completei meu Mestrado com William Rand, na Escócia. No caminho de volta a Hong Kong, parei na Inglaterra para ensinar e harmonizar minha mãe, minha tia e vários amigos. Comecei a escrever minhas aulas ao longo do caminho de volta para casa e tenho ensinado Reiki, desde então, em Hong Kong, Cingapura, Grã-Bretanha e Estados Unidos.

Uma vez, veio até mim um cliente com uma doença incurável. Uma amiga do Reiki e eu passamos uma hora trabalhando nele. Ela sentou junto à sua cabeça e eu sentei junto aos seus pés, fazendo reflexologia e Reiki. Por meia hora vimos linhas de luz dourada correndo pelos dois lados de seu corpo e um anjo veio para seu lado. Quando minha amiga teve de sair, o cliente estava adormecido, e nós saímos na ponta dos pés em direção à porta. Após uns dez minutos, a música parou. Eu percebi que o anjo tinha descido em direção aos pés do cliente e eu o deixei prosseguir sem minha ajuda. Depois de um tempo, o anjo desapareceu e eu toquei um sino tibetano, bem suavemente, indicando o fim da sessão. Quando o cliente acordou um pouco depois, ficou pasmo em me ver à sua cabeça quando sentia que trabalhava seus pés; ele ainda podia sentir o toque do anjo. Ele hoje está totalmente recuperado.

Alguns anos atrás, meu pai já idoso estava morrendo. Minha mãe, minha tia e eu estávamos atrás de sua cama de hospital, todos dando-lhe Reiki através de seus pés e suas mãos. De repente, ele se agitou, como se quisesse tirar nossas mãos dele. Eu perguntei aos meus anjos qual era a razão para essa atitude e recebi como resposta que devíamos sair para que pudéssemos deixá-lo partir de seu corpo terreno, pois nós o segurávamos na Terra. Retiramos nossas mãos e, em cinco segundos, seu espírito abandonou o corpo.

A primeira Vez

Por Pam Green, Mestre de Reiki

Tendo trabalhado com a energia do Mestre de Reiki por quase doze meses, eu decidi que havia entendido o suficiente para me sentir confortável em transmitir o dom do Reiki para outra pessoa.

Mal acabara de decidir que estava pronta, alguém resolveu que deveria ser minha primeira aluna! Como ela não tinha praticamente nenhuma experiência prévia de cura natural, nós estabelecemos um firme, mas suave, passo até o dia de sua harmonização, a primeira para nós duas.

Quando coloquei as mãos em seus ombros para, silenciosamente, perguntar se ela estava pronta, a tensão era óbvia. Então, uma alta batida na porta da frente se fez ouvir e eu pedi licença por um momento. Eu havia colocado um bilhete na porta para não ser interrompida. Abri e vi uma cigana. Antes que ela pudesse começar a falar, eu simplesmente disse: “Desculpe, estou trabalhando”. Para minha surpresa, ela virou em seus calcanhares e praticamente voou pela trilha que saía de minha porta de entrada.

Quando voltei para a sala de Reiki, desculpei-me pela interrupção e recoloquei minhas mãos em seus ombros. Toda a tensão havia desaparecido e ela estava harmonizada com o Primeiro Grau de Reiki, com a mesma delicadeza que caracterizava nossas reuniões... Depois, ela comentou sobre a experiência e confirmou que, antes da batida na porta, ela sentiu-se muito tensa, mas essa sensação havia desaparecido assim que voltei. Quando convidada a escolher algo como lembrança de sua primeira experiência de cura, ela escolheu uma grande planta que ficava no canto da sala de Reiki!

Combinamos que nos veríamos dois dias depois e não conseguia imaginar como ela estaria com o Reiki em seu sistema... Sábado havia sido o dia da harmonização. Domingo era seu dia habitual de lavar roupas, e para uma pessoa com família, trabalho de período integral fora de casa, isso tomava uma parcela substancial de seu tempo, e para lhe ajudar a máquina de lavar recusou-se a trabalhar. Ela estava furiosa.

Não tinha a menor chance de conseguir um profissional para resolver o problema. O seu marido tinha chegado do aperitivo do almoço, ambos irritados e sem ajuda... Ela ficou parada na cozinha pensando em que poderia fazer. De repente, um pensamento surgiu em sua mente: "Já sei, vou lhe dar um tratamento Reiki". Ela admitiu sentir-se extremamente ridícula e um pouco embaraçada de ficar parada na cozinha com as mãos colocadas na máquina de lavar, convidando o Reiki a resolver seu problema.

Eu não contaria esta história, se não tivesse um final feliz! A máquina resolveu voltar a trabalhar e, na semana seguinte, ela chamou um serviço mais convencional, mas considerou que o Reiki fez a sua parte quando ela realmente precisava.

Algo que não tinha percebido até eu lhe dizer é que havia dado um presente precioso à sua Mestre de Reiki de primeira viagem. Eu não tive de me preocupar em fazer a minha parte com os cuidados de outra pessoa na aplicação do Reiki. Eu me senti verdadeiramente abençoada por ter tido esse começo maravilhoso em minha nova carreira.

Viciado em um Rosto Bonito

por Keith Beasley, Mestre de Reiki

Decidi praticar Reiki porque pensei que poderia oferecer um fim para meus vícios. Percebi alguns anos atrás que era muito sensível a "um par de olhos brilhantes". Receber um sorriso gentil de quaisquer olhos livres, profundos e claros de mulher era suficiente para que eu me apaixonasse. É realmente patético, mas quando voce é criado à base de filmes românticos de domingo à tarde e aprende que a vida é sobre amar e ser amado, o que pode fazer um solteirão?

Três anos de Reiki intensivo em mim e ensinando outros como Mestre deram-me muitas respostas. Primeiro, que não há uma resposta simples! Eu tinha, de alguma maneira, aprendido que o amor romântico era o único. Errado! O Reiki é amor e pode ser aplicado a toda e qualquer situação. Em minha prática de Reiki, descobri que o ato do amor, a distribuição de Reiki, foi preenchedor e maravilhoso com amigos, estudantes, família, natureza, comigo e muitas outras formas. Devagar, eu vi que dividir o amor com uma mulher em especial era uma maneira de dividir um dos mais íntimos e intensos aspectos dele, mas existem muitos outros modos abertos para nós. Quanto mais eu dividia, mais eu recebia e menos importante ficava um belo rosto.

O mais importante para mim foi aprender a habilidade de superar as frustrações da paquera. O Reiki, com a ajuda de amigas, ensinou-me que nós nunca podemos acreditar que outra pessoa possa preencher nossos desejos, mas podemos acreditar no Universo.

Quando uma amada não me telefona, eu tenho outro recurso de amor à mão: o Reiki. Não vou dizer que as lições foram fáceis – longe disso – mas o Reiki habilitou-me a enfrentar meus vícios bem como a trabalhar isso de tal maneira, que hoje posso desfrutar um rosto bonito sem ficar "acabado". O Reiki traz essa perspectiva, a completude. Ajudou-me a ver que, como o grande Fred Mercury cantou, "Nothing really matters" (Nada importa na verdade).

Minha História sobre o Reiki

Por Sheila Sellars D, bacharel em hipnose,
Mestre de Reiki e hipnoterapeuta clínica

Certa vez, uma amiga do trabalho, com os mesmos interesses que eu, contou-me sobre alguns americanos que haviam visitado uma igreja espírita local, na qual ela havia estado um tempo atrás, e sobre um tipo de cura que eles ensinavam, chamado Reiki. Eu nunca havia ouvido falar disso antes, mas ela disse que qualquer um poderia fazê-lo, o que achei um pouco difícil de acreditar àquela época. Isso foi em 1992.

Eu comecei a frequentar essa igreja espírita com minha amiga regularmente. Nós gostávamos demais dos cultos, então, uma noite, anunciou-se que aqueles mesmos americanos estariam de volta para ensinar o Reiki. Um centro foi aberto por perto para oferecer terapias alternativas por algumas pessoas envolvidas com a igreja, e os americanos vinham para ensinar a cura pelo Reiki nesse centro. Eles retornaram para oferecer às pessoas que fizeram o Primeiro Grau a oportunidade de fazer o Segundo Grau, e para alguns que já haviam feito o Segundo Grau a oportunidade de fazer o Reiki Avançado. Eles ofereciam também o Primeiro Grau de Reiki para novos estudantes.

Promoveu-se uma apresentação no centro e então, eu e minha amiga fomos até lá para saber de que se tratava. Eu estava muito impressionada com a energia que conseguia sentir, mas, mesmo assim, eu ainda estava cética. Decidi que faria o Primeiro Grau, só por curiosidade; não tinha intenção, naquele momento, de ir além disso. Como eu sabia pouco!

Fiz o Primeiro Grau naquele fim de semana e fiquei totalmente impressionada com o modo que me sentia. Estava nas nuvens após as primeiras aulas da manhã. Voltei no dia seguinte e ainda me sentia bem. O Reiki abriu todo um novo caminho para mim, mas eu ainda não havia percebido isso. Comecei a ver cores que nunca vira antes, com meus olhos fechados. Tive uma das melhores experiências de minha vida na semana seguinte: foi decidido que cada um receberia seu certificado na prefeitura local, o que daria às pessoas de diversos níveis do Reiki a oportunidade de se encontrarem, meditarem e trocarem suas experiências. Minha mestre de Reiki deixou-nos meditando, e eu amo a música que ela havia colocado. Lembra-me o deserto, muita areia e feno rolando. Eu via isso tudo, quando uma parte de meu corpo tornou-se completamente gelada, o lado esquerdo, creio eu. Meu lado direito permaneceu igual; aí senti minha cadeira levantar-se do chão. Claro que isso não ocorreu, mas foi como eu senti. Então, vi um homem chinês, eu acho, que ficou parado a minha frente, mas não falava. Ele apenas permaneceu parado por um tempo. Usava uma túnica laranja com longas mangas que balançavam para baixo. Eu não via suas mãos, pois estavam cobertas pelas mangas. Usava um chapéu que terminava em uma pequena ponta, e quatro painéis laterais. Acho que era um chapéu mandarim. Ele não ficou lá por muito tempo, mas foi uma sensação muito brilhante, algo de que nunca vou me esquecer. Imagino que ele tenha se apresentado para ser meu guia e eu lhe agradeci entusiasmada por aquilo. Eu penso muito nele e o chamo de mr. Chang. Não sei se esse é o nome correto dele, mas sei que ele sabe que sou eu quem o chama, e ele realmente me ajuda.

Fiquei muito satisfeita com a energia do Primeiro Grau, por isso decidi fazer o Segundo Grau e novamente pensei que não iria muito adiante, pois seria muito caro para eu tornar-me uma Mestre àquela época. Eu eventualmente até poderia fazer o Grau de Mestre, já que uma amiga minha, médium, me telefonou e disse que os seus anjos haviam lhe dito que eu deveria fazê-lo. Mesmo assim, tive de pensar bastante por causa do custo, mas ela soube que uma outra senhora americana oferecia o curso a preços mais baixos em Glastonbury. Assim, em janeiro de 1995, eu aceitei a oferta. Desde então, tenho visto inúmeras coisas diferentes acontecerem comigo, mas posso dizer que estou verdadeiramente maravilhada com os progressos que sinto desde que o Reiki entrou, física, mental e espiritualmente, em minha vida; apesar de acreditar que sempre fui uma pessoa espiritualizada. Eu uso o Reiki diariamente, de uma forma ou de outra.

Encontrei no Reiki uma ferramenta maravilhosa no processo natural de cura, e isso o guia através dos caminhos para o seu destino. Desde então, treinei inúmeras pessoas nessa arte ancestral e sempre me surpreendo e me delicio com a plenitude e alegria com que vão em direção ao próximo passo na evolução. Sinto um grande vínculo com meus alunos, e é um privilégio ensiná-los.

As harmonizações afetam cada pessoa diferentemente. Algumas não veem e não sentem nada naquele momento, e outras veem e sentem muitas coisas diferentes. Eu sempre digo aos meus alunos que as harmonizações são pessoais, e não importa o que aconteça, elas são corretas para aquele momento.

Eu tenho tratado animais com a energia e vejo que eles a aceitam muito naturalmente e visivelmente a apreciam.

Eles tendem a voltar para mais, e simplesmente dispersam quando já receberam o suficiente.

Quando minha neta nasceu, sua cabeça estava um pouco amassada pois havia ficado por certo tempo no canal vaginal. A parteira disse que levaria em torno de dez semanas para que a cabeça voltasse ao normal. No entanto, após algumas semanas, pensei em desenhar os símbolos do Reiki sobre sua cabeça e ver o que acontecia. Em uma semana, sua cabeça voltou ao formato normal. A parteira não podia acreditar. Mais uma vez o Reiki havia feito milagres.

O Reiki nem sempre recebe os créditos que deveria. Há períodos em que as pessoas com atitudes ríspidas são beneficidas pela energia, mas dão crédito para outra coisa. Por exemplo, reconheço quando a respiração da pessoa melhorou, mas ela responsabiliza o clima! Tudo bem! O importante é que a pessoa tratada progrida. Temos de aprender a ser tolerantes, cada um está em um estágio diferente em seu programa de vida. Eu também descobri com o Reiki que fui levada a aprender outras coisas, apesar de, àquela época, não saber para onde tudo me levaria. Tudo parece simplesmente se encaixar no lugar certo quando o tempo é o correto. Eu digo para as pessoas que estão nessa mesma situação: "Vão em frente, tudo será revelado".

Minha visão é de que a energia do Reiki deveria ser mais respeitada e valorizada. Não posso concordar com quem pensa que o custo deve ser próximo de zero. Eu concordo que a energia deve estar disponível para todos que a desejam, mas a um custo que os ajuda a apreciá-la e trabalhá-la de uma maneira verdadeiramente amorosa.

O Reiki, definitivamente, fez diferença em minha vida e na de meus alunos. Acredito que estarei sempre maravilhada com a energia.

11

O Bom Coração

Nós vivemos em um tempo de incríveis oportunidades de progresso e mudanças positivas. Falando relativamente, poucas pessoas possuem oportunidades especiais de ajudar aos outros.

O Reiki está ajudando o mundo a mudar. A revolução sileciosa e pacífica tem afetado a todos, não apenas os praticantes do Reiki. Quando decidimos aprender e usar tal energia regularmente, estamos fazendo algo muito especial e significativo para as nossas vidas, que beneficiará muito futuras gerações.

A medida que desenvolvemos nossa intenção de viver o caminho do Reiki em direção à sabedoria e autoconsciência, como proposto pelo dr. Usui, o mundo inteiro torna-se uma comunidade mais pacífica, solidária e sustentadora.

Quanto mais pessoas desejarem carregar a luz do Reiki, apesar de raças ou religiões e, assim como o dr. Usui, motivadas pelos desejos sinceros de ajudar ao próximo, essa luz se espalhará pelos corações e almas de todos os seres vivos, ajudando a exterminar a opressão, o sofrimento e a ignorância, onde quer que eles apareçam.

Há vários caminhos para o desenvolvimento pessoal, cura e alegria interna. O Reiki é um deles e pode potencializar a todos os outros. O sucesso dessa prática depende de honestidade, bom coração e do incomensurável desejo de aprender. Caso queira tirar o máximo dele, apenas seja você mesmo, siga o seu coração, aprenda com suas próprias experiências e o Reiki mostrará um caminho a ser seguido. A experiência pessoal do Reiki é tão significativa que passa a ser menor que qualquer tentativa de explicar suas origens ou categorizá-lo. Use-o, brinque com ele, divida seus efeitos positivos. Também cometa erros ao utilizá-lo, pois esta é a única maneira de descobrir seu potencial único e de permitir que você realmente se torne quem é.

Todas as respostas para os problemas que você terá a vida inteira, estão em suas próprias mãos. Com sua enorme vontade de mudar, usaremos o Reiki para otimizar os recursos infinitos que possuímos e eliminar gradualmente as camadas de problemas de entendimento e confusão que permeiam nossa forma de ver a relidade.

Buda nos ensinou que "tudo depende da mente"; podemos, então, dizer que a felicidade depende da mente e não de fatores externos. Entender essa verdade simples é a chave para resolvermos todos os nossos problemas. Se começarmos a nos aventurarmos por esses caminhos, ele nos levará a, com a ajuda do Reiki, termos maior alegria, paz interior e a habilidade de realmente beneficiar aos outros. Nada é mais precioso que a vontade de melhorarmos enquanto seres humanos e também a qualidade de nossas vidas, após conhecermos nossa verdadeira natureza.

O maior desejo de todos os seres humanos é encontrar a felicidade eterna. Se persistirmos em nosso objetivo de felicidade interior completa, motivada pela vontade de dividir os benefícios da técnica, não poderá haver melhor propósito em nossas vidas.

Isto é viver o Reiki com plenitude.

HR Gráfica e Editora

Rua Serra de Paracaina, 716 – Moóca - São Paulo – SP – CEP 03107-020
Fone/Fax: (11) 3341-6444 - Email: vendas@hrgrafica.com.br
www.hrgrafica.com.br